# RABELAIS

# RABELAIS

READINGS SELECTED

BY

## W. F. SMITH, M.A.

SOMETIME FELLOW OF ST JOHN'S COLLEGE, CAMBRIDGE

WITH A MEMOIR BY SIR JOHN SANDYS, Litt.D.

CAMBRIDGE
AT THE UNIVERSITY PRESS
1920

## CAMBRIDGE
### UNIVERSITY PRESS

University Printing House, Cambridge CB2 8BS, United Kingdom

Cambridge University Press is part of the University of Cambridge.

It furthers the University's mission by disseminating knowledge in the pursuit of
education, learning and research at the highest international levels of excellence.

www.cambridge.org
Information on this title: www.cambridge.org/9781316509708

© Cambridge University Press 1920

First published 1920
First paperback edition 2015

*A catalogue record for this publication is available from the British Library*

ISBN 978-1-316-50970-8 Paperback

# PREFATORY NOTE

SOON after the publication of *Rabelais in his Writings*, Mr W. F. Smith agreed to edit for the University Press a selection from Rabelais's great romance. As he was then living at Cheltenham, he asked me to select from the revision of his annotated translation in the library of St John's College such notes as seemed desirable for the purpose. This I gladly agreed to do. Unfortunately, the exigencies of the times made it impossible for the Press to begin the printing before last October; except for a couple of specimen pages Mr Smith never saw his book in type, and I have had to pass it through the press without his supervision. I have occasionally given the substance of his notes instead of his actual words, and in two or three places I have added a very modest quota of my own, but the notes to all intents and purposes are solely the fruits of Mr Smith's ripe learning and knowledge of his subject.

The text for *Gargantua* and *Pantagruel* is that of François Juste, Lyons, 1542, and for Books III and IV, that of Michel Fézandat, Paris, 1552. *Gargantua* has been printed from the new edition of the *Œuvres de François Rabelais* edited by Abel Lefranc and other distinguished Rabelaisians (*Gargantua* 1912–13), and the other books from the edition published by Jouaust, 4 vols., 1885, controlled by that of Marty-Laveaux, 6 vols., 1868–1903.

ARTHUR TILLEY.

CAMBRIDGE,
*April*, 1920.

# MEMOIR

WILLIAM FRANCIS SMITH, the elder son of the Rev. Hugh William Smith of St John's College, was born on October 20th, 1842, at Brackley in Northamptonshire. Educated at Shrewsbury, he had nearly attained the age of twenty when he came into residence in October, 1862, as the holder of one of the best of the "Open Exhibitions" awarded for Classics. As an Old Salopian, he long retained a vivid memory of that great head-master, Dr Kennedy, of whom he had many a happy story to tell in the company of his College friends. Outside the walls of St John's, his closest friend was John Maxwell Image of Trinity, who was bracketed second in the Classical Tripos of 1865. W. F. Smith himself won the second place in the following year, and both were elected Fellows in the same year as myself—1867. From 1870 to 1892 he was one of my most loyal colleagues as a classical lecturer, the favourite subjects of his public lectures being Sophocles and Plato, and Aristophanes and Plautus.

On the coming in of the New Statutes, in 1882, he married a devoted and accomplished wife, who shared his wide interest in modern languages. He applied the highly-trained aptitude of a classical scholar to the acquisition of an accurate knowledge of early French literature. Among his favourite authors was Montaigne, but he concentrated all his published work on Rabelais. He was in the best sense of the term a *homo unius libri*. His "new translation" with notes, and with letters and documents illustrating the author's life, was published by subscription in two handsome volumes in 1893. Two selected portions of the translation were privately printed in small quarto with vellum covers, "the first edition of book iv" in 1899, and "Rabelais on Civil and Canon Law" in 1901. Shortly before 1908, when I came to the subject of Rabelais in the course of my *History of Classical Scholarship*, I was fortunate enough in inducing my friend to write on my behalf a notice of that author, as a student of the Greek and Latin Classics, which fills more than two pages in the second volume.

Late in life he produced a compact and comprehensive work entitled *Rabelais in his Writings*, published in an attractive form by the University Press in 1918. The most obviously competent notice, that in *The Lancet* of 4 May, 1918, is known to have been written by the late Sir William Osler. Two quotations from that notice must suffice:

> Of these illuminating studies [those of Abel Lefranc and others in the ten volumes of *Les Études rabelaisiennes*], Mr Smith, himself a participator, has taken full advantage in a work just issued from the Cambridge Press. First of all a humanist, Rabelais can only be interpreted by a fellow-student who knows the highways and byways of ancient literature. It will please our French colleagues not a little to find an Englishman so thoroughly at home in every detail relating to one of their greatest authors....We trust this admirable study of the great Chinonais may awaken a renewed interest among us in the writings of a man who has instructed, puzzled, and amused the world, and who has helped "to pass on the torch of learning and literature to many leading spirits of other ages and countries."

The epilogue to Mr Smith's book ends with a tantalising paragraph beginning with the words: "As he borrowed freely from other sources, ancient and modern, so his own books have supplied much matter and many ideas to writers who succeeded him." Among these writers mention is briefly made of Brantôme and Pasquier, Montaigne and Molière in France; and, in our land, of Ben Jonson and Nashe, Bacon and Burton, Sir Thomas Browne and Samuel Butler (the author of *Hudibras*), and lastly Lawrence Sterne and Walter Scott. Mr Smith might easily have written a whole chapter on these imitators, with details as to the indebtedness of each. It was only with the author of *Hudibras* that he dealt fully in the second chapter of the eighth volume of the *Cambridge History of English Literature*.

He was also interested in the printed sources of Rabelais, and made a comprehensive collection of about 250 volumes, including facsimiles or reprints of early editions and copies of the authorities used in his writings. In 1919, by his own gift, this valuable collection found a permanent home in the Library of his College.

In the same year Mr Smith deposited with the Librarian of the College a complete revision of his annotated translation of 1893. This represents the ripe result of many years of continued study of his author, and it is much to be hoped that it may be published in a way that would be worthy of the translator's memory.

After the termination of the College Lectureship in 1892, as the climate of Cambridge was little suited to a valetudinarian who was liable to attacks of bronchitis and rheumatism, Mr and Mrs Smith lived more and more abroad, either in Switzerland (mainly on or near the Lake of Geneva) or in Italy (chiefly in Rome or Florence). A man of alert and inquiring mind, a delightful converser, an admirable correspondent, and an accomplished linguist, Mr Smith undoubtedly gained much, in mental as well as bodily health, by not remaining permanently in Cambridge. In the cosmopolitan society of cultivated scholars in other lands his interests perceptibly expanded, while his general character mellowed and ripened during his long residence abroad.

After the outbreak of the War in August, 1914, Mr and Mrs Smith left Florence for Geneva, and ultimately for England. Their return restored Mr Smith to the full use of his books, of which he had retained only a very limited selection as his travelling library. They settled down for a time, mainly at Malvern, and also at Bath and Cheltenham, and Oxford and Cambridge.

His familiarity with Rabelais as a humanist and a physician led to his receiving kind encouragement from the late Sir William Osler, who interested himself in a proposed new edition of the translation of Rabelais.

Mr Smith's special study of the old Greek physicians, who were among his author's sources, prompted him to form a design for translating some of the more popular works of Galen, or selections from Hippocrates. But (owing partly to weakness of sight) it was too late even to begin to carry out either of these designs, especially as, in the early summer of 1919, there was a prospect of returning to the Continent, to a drier climate than that of England, which was denounced by my valetudinarian friend as hopelessly "water-logged."

On May 24, Mr and Mrs Smith left England for France. Mr Smith had formally applied for the necessary passport with the express purpose of visiting places connected with his continued study of the life and writings of Rabelais. Rabelais never tires of speaking of Touraine, "the garden of France."[1] Accordingly the travellers began with Tours. They then proceeded to the author's birthplace at Chinon, and, amid intense and exhausting heat, journeyed down to the sea at La Rochelle, with its lantern-tower of old renown, "the lantern of La Rochelle," which (as Rabelais himself says) gave Pantagruel and his fellow-travellers "a good clear light."[2] There they stayed until the middle of September, when they went on by easy stages to Pau.

Early in November I wrote to Mr Smith enclosing a copy of the proposed book-plate for his gift to the College Library, while my main purpose was to break to him the news of the death of his friend John Maxwell Image. But he was already too ill to be told of the purport of any part of my letter. At the Hôtel de Jeanne d'Arc at Pau, he had been seized with a stroke of paralysis on October 16th. While his mind was wandering, his thoughts ran much upon his books, but the only person he then mentioned was "John Maxwell." After a severe illness lasting for six weeks, during which he was constantly tended by his devoted wife, he died on Friday, November 28th, the very day on which the

1 W. F. Smith's transl. vol. i, p. xxi.          2 *ib.* ii, 398.

obituary notice of Mr Image appeared in the *Cambridge Review*. Thus these two loyal sons of Cambridge, these thoroughly patriotic and honourable Englishmen, who had been closely united for more than fifty years of an unbroken friendship which brightened and strengthened the lives of both, passed away in the same year of their age, and between the beginning and the end of the same month.

They were "pleasant in their lives, and in their death they were not divided."[1]

J. E. SANDYS.

I will add a few words on Smith's services to the study of Rabelais. First and foremost is his translation. It has the advantage of being modelled on one of the greatest of English translations, that of Urquhart and Motteux; but Smith brought to his task a natural gift for writing pure and nervous English and an intimate acquaintance with Elizabethan literature. The result is that he approaches Urquhart in spirit and has often independently hit upon a translation which is almost identical, word for word, with his. But his sense of scholarship has kept him closer to his text, and he has avoided the tendency to amplification which we find in Urquhart and still more in Motteux. It is a very notable piece of work, and deserves reprinting in a handier form than that in which it first appeared and with the revised notes which represent more than a quarter of a century's faithful work.

The most important feature of that work was the study of Rabelais's sources. In a letter written to me a few months ago, Smith said that he thought that he had discovered nearly all Rabelais's sources. What this means only students of that omnivorous "glutton of books" can appreciate; suffice it to say that it implies a search over nearly the whole field of classical literature (including

---

1 The above notice has been abridged from that in *The Eagle* for the Lent Term of 1920, which was an expanded version of the notice in the *Cambridge Review* of Feb. 6.

medical writers like Hippocrates and Galen), over much juristical literature, and over a considerable range of literature more or less contemporary with Rabelais, both in Latin and in the vernacular. Some idea of Smith's work in this direction may be gathered from his *Rabelais in his Writings*, but the best example of his thoroughness is the long article on Rabelais and Erasmus which he contributed in French to the *Revue des Études rabelaisiennes* (VI, 215 and 375). Another important article traces the sources of "Rabelais's lists of fowls, fishes, serpents and wild beasts." This appeared in the *Modern Language Review* for October 1918 and is Smith's latest contribution to the study he loved so well.

A. T.

*May*, 1920.

# FRANÇOIS RABELAIS

In the light of recent research François Rabelais (born about 1490) proves to be the youngest of four children of Maistre Antoine Rabelais, senior *avocat* of the Chinon district and possessor of several properties and vineyards in the neighbourhood as well as of a house in the *rue de la Lamproie* in Chinon.

As the youngest son, François was destined for the ministry and received the tonsure about the age of seven. He was sent to school at the neighbouring Benedictine convent of Seuilly, where he was educated on a system such as that set forth in the fourteenth chapter of the *Gargantua*. After a few years he was removed, tradition tells us, to the Franciscan seminary of La Baumette near Angers, which had been founded by René, duke of Anjou and ex-king of Sicily, on the model of one called La Baume in Provence. There he is said to have made the acquaintance of Jean Du Bellay, the second of the brothers of the great Manceau family, who possessed large estates in the neighbourhood, and of Geoffroi d'Estissac. Du Bellay afterwards became Bishop of Bayonne and subsequently of Paris, Limoges, and Le Mans, and Archbishop of Bordeaux, and Cardinal in 1535, while d'Estissac became Bishop of Maillezais, near the Franciscan monastery at Fontenay-le-Comte, where Rabelais was sent after he left La Baumette. The dates are uncertain, but his residence at La Baumette is held by some to have terminated about 1511, by some about 1519.

As a boy we may be pretty sure that he roamed about the countryside of Chinon visiting his father's various properties and taking part in the hawking and hunting parties in the neighbourhood, which being thick with forests and marshes was well adapted for such sports.

At Fontenay-le-Comte he formed a friendship with

Pierre Amy, one of the Franciscan brethren, and as Amy was a friend of Guillaume Budé, the great French scholar, and had taken up studies in Greek, Rabelais joined him in these studies. Amy induced Rabelais to write to Budé and the result is that we have a letter from him to the distinguished scholar and two from Budé in reply, ranging in date from March 4, 1520 to January 27, 1524. Thus Rabelais and Amy were proceeding in their studies with the encouragement of the first scholar at that time in France, when their quiet was rudely interrupted by the conduct of the other brethren, who had been disturbed by the publication of the "Paraphrases" or explanation of the Pauline Epistles (Basle, 1521) by Erasmus, which were decided to be heretical, and consequently involved all Greek books in the same censure. The two students were treated with some harshness and their books confiscated; though they were afterwards restored through powerful influence, the position of the culprits could hardly be secure. Therefore Amy made his escape and Rabelais obtained from Rome an indult permitting removal to the Benedictine house at Maillezais, under the protection of the bishop, Geoffroi d'Estissac, his former friend, who was prior there. Here he enjoyed for some time the friendship of the bishop and his friends André Tiraqueau, Jean Bouchet and Amaury Bouchard, legal luminaries living in the neighbourhood.

A curious matter occurred about this time in this small literary world. Tiraqueau had published in 1513 and 1516 a book entitled *de legibus connubialibus*, in which women had been held up to disrespect, and Bouchard had published a reply in 1522. To this Tiraqueau had replied in 1524, and it is believed that a kind of court was held in which Rabelais and Amy were called in as arbitrators. In all probability this was the motive which induced Rabelais to take up the dispute later (1545) in his *Third Book*. An enlarged edition of Tiraqueau's book (1546) came out at the same time. Rabelais's *Third Book* at the end is greatly indebted to Tiraqueau's book, and it is very probable that Rabelais saw it at the printers, while it was being produced, if he did not actually correct the proofs. But this is anticipating.

The restless roving spirit of Rabelais now impelled him in the search of knowledge to visit the principal seats of education and learning—the Universities of France. Starting from Bordeaux, he passed by Toulouse and Montpellier—where perhaps he made his first essay of medical study—up the Rhone to the North-west, where it is probable that he studied law at Bourges and Orléans, and almost certain that he took up medical studies in earnest at Paris (1528–30). Thus he was able to take his degree as bachelor of medicine at Montpellier after only two months' residence, studies at the University of Paris being recognized at Montpellier as qualifying for a degree. At Montpellier he soon made himself a name by his *courses* of lectures as a bachelor of medicine, and two years later (1532), when he migrated to Lyons to get his lectures published by Sebastian Gryphius, the great printer, he was cordially welcomed and appointed physician to the Hospital in October at 40 *livres* a year instead of the usual 30. He now published an edition of Hippocrates's *Aphorisms*, and besides this an edition of the medical letters of Manardi, a distinguished Ferrarese physician, dedicated to Tiraqueau; an edition of the *Testamentum Cuspidii*, and a Roman contract of sale as specimens of genuine Roman antiquity. They turned out afterwards to be essays of the scholars Pomponius Laetus and J. Jovianus Pontanus, a fact revealed in a posthumous work of 1587 by Antonio Agustín, Archbishop of Tarragona. November 30 of the same year (1532) Rabelais wrote a letter to Erasmus overflowing with thanks to the great scholar for the help he had supplied to an unknown reader, and also warning him that an attack made on his *Ciceronianus* was not by Aleander but by J. C. Scaliger. By a strange chance this letter till recently has been looked upon as addressed to an unknown "Bernard Salignac," and has been a puzzle till the real addressee was made out by Prof. Ziesing of Zurich, where a copy of the original is preserved.

In October 1532 Rabelais entered on his duties as physician to the Rhone-Hospital at Lyons, but it is almost certain that a month or so before this he had paid a visit to his native Touraine. He had nearly finished a giant-story, *Pantagruel*, to which he now added the final chapter or two and the Prologue. While he was on this visit a long and embittered lawsuit between his father Antoine Rabelais, as leader of the party of riparian owners on the Vienne and the Loire, culminated in a brawl between the shepherds of Antoine Rabelais (Grandgousier) and the cake-bakers of Lerni who were tenants of Scévole, or Gaucher, de Sainte-Marthe (Picrochole), physician to the Abbess of Fontevrault, only a few kilometres distant. This seems to have fired Rabelais with the idea of writing another giant-story in which this contentious lawsuit should be represented in the guise of a tremendous war. The story was afterwards published under the title of *Gargantua* in 1534.

While following his occupation as physician at Lyons Rabelais devoted his leisure to humanistic studies as reader of the proofs to Gryphius, and to composing his *Gargantua*, employing in its composition a crude *fabliau* entitled *Les grandes Cronicques du grant et enorme geant Gargantua* which had a very large sale towards the end of 1532. This is recorded in the Prologue to the *Pantagruel* (published November 3, 1532) as most successful and admirable. The *Pantagruel* is advertised as a book of the same kind, but more worthy of credit. But it nowhere says that the author is the same in the case of both books, though many critics have inferred that he is. The *Pantagruel* is a giant-story of the usual kind, but interlarded with incidents derived from a curious book in macaronic verse by Merlin Cocai, the pseudonym of Theofilo Folengo, a monk who had emerged from the cloister and written a quantity of burlesque verses. There are also stories illustrating Paris University life.

At the beginning of 1534 Rabelais accompanied Bishop Du Bellay to Rome, as his physician and trusted secretary. They were there three months (January—March, 1534). Du Bellay failed in his mission of retarding the excommunication of Henry VIII, while Rabelais succeeded in getting the taint of his "apostacy" removed, in having laid aside his monastic habit and gone abroad in the world. After their return Rabelais resumed his duties at the hospital and finished his *Gargantua*, which was published in October 1534, probably a little before the affair of the "Placards," when heretical notices were posted up publicly and even in the King's palaces. This brought about reprisals and persecutions of a terrible kind, and Rabelais, whose *Pantagruel* had been censured and whose *Gargantua* had just been published, or was on the eve of publication, was fain to go into hiding. The journey to Rome and this absconding probably account for the charge against him for being twice absent from his professional duties at the hospital. For this he was superseded March 5, 1535. In July of that year he proceeded with Bishop Du Bellay to Rome, where the latter received his Cardinal's hat. On the way they halted at Ferrara, to reconcile the Duke with the Duchess, Renée of France, who was more than suspected of Protestant leanings.

While in Rome Rabelais maintained a correspondence with Geoffroi d'Estissac (at whose home he had probably been in hiding), of which we have three letters to the Bishop. They are full of interest, as giving a lively account of affairs in Rome before the triumphal entry of Charles V after his victory over the Infidels at Tunis, and especially in foreshadowing the coming Council of Trent. We have a copy of the petition and of the pardon which he obtained from Paul III for his "apostacy" in quitting the monkish habit, and straying into the world, when he took up the study and practice of medicine.

Before the Emperor came to Rome, Du Bellay left hurriedly (February 29, 1536), perhaps by the advice of the Pope, who gave a safe-conduct to the Cardinal's suite dated April 11, while the baggage was to go by sea. It seems possible that Rabelais accompanied the baggage on a coasting voyage to Marseilles. If so, this would account for the Italian terms he uses for the sails and the tackling of the ships in his description of the Storm in the *Fourth Book*. In any case, whether he went by sea or land, he went on to Lyons and afterwards to Paris, where he joined the Cardinal, who about this time was made Lieutenant General of Paris and l'Isle-de-France. The attack on Provence by the imperial troops was defeated by the Constable Montmorency retreating before them, devastating the country as he went, and the advance in the north was checked at Péronne.

At the end of 1536 Rabelais took part in Paris at a banquet in honour of Étienne Dolet, the Lyons printer, at which were present the *élite* of French literary society. He went a little later to Montpellier, where he obtained his licentiate, and doctorate May 22. After this his movements are uncertain, excepting that he was at Lyons some days and at *Aigues Mortes*. He seems to have wandered about in the south of France (perhaps visiting *mes isles Hières*) till 1539, when he took service with Guillaume Du Bellay, Viceroy of Piedmont, with whom he was till January 10, 1543, when Du Bellay died near Lyons while on the way to Paris. Rabelais assisted at the embalming of the body and accompanied the *cortège* to Le Mans, where the great soldier and statesman was laid to rest.

Two or three months later, Rabelais was sheltered at Saint-Ayl, near Orléans, by Étienne Lorens, Seigneur de Saint-Ayl, remaining there from March 1543 till the autumn of 1544, when he was again with Cardinal Du Bellay at his newly-built château at St Maur-des-Fossés. Here he finished his *Third Book*, which he had begun at Saint-Ayl. This book had no relation with the *Gargantua* but takes up the thread from the end of the *Pantagruel*, where Anarchus, the wicked king, meets with his due punishment. The evil ruler is now held up to reprobation and under the allegory of debtors and lenders the selfish and unselfish characters are described. The adages of Erasmus supply the text, *Homo homini deus* and *homo homini lupus*, the man who lives for others and the man who lives for himself. The book goes on now to consider in the person of Panurge the arguments for and against marriage as one of the critical points in his life. All kinds of divination are put to the test without satisfactory results for Panurge, and as a last resort a determination is made to travel to Utopia to consult the oracle of the Holy Bottle. This voyage and the various stopping places occupy the *Fourth* and *Fifth Books*.

When it was published the *Third Book* was immediately pounced upon and censured by the Sorbonne on the ground that Rabelais had written *asne* for *âme*, and that it was heretical.

Fortunately he was able to escape at once to Metz, where he was again under the protection of the Seigneur de Saint-Ayl. He was soon made physician to the hospital at Metz at a salary of 120 *livres* a year; after a time he was presented by some Paris courtiers with a silver flask in the shape of a breviary, which he acknowledges in the Prologue to the first instalment of his *Fourth Book*; the deputation also begged him to continue his writings, which they declared had given them pleasure. Accordingly he set to work and wrote ten chapters with the help of the scanty library which he had been able to keep together. A letter from Metz to Cardinal Du Bellay dated February 5, 1547, is preserved, asking for pecuniary assistance. The Cardinal replied by inviting the writer to come with him to Rome. After the coronation of Henry II at Reims Cardinal Du Bellay and Rabelais were in Paris on July 10 (the date of the celebrated duel of Jarnac and Chataigneraye) and soon afterwards they proceeded to Rome, where Du Bellay had been appointed Plenipotentiary of France. They reached Rome September 27, 1547, and remained till September 22, 1549, at the Palazzo SS. Apostoli. On March 14, 1549, Du Bellay caused the representation of a sham fight (*sciomachia*) in the Piazza where he resided. It was a display of great magnificence and attended by all the influential people in Italy. The purpose was to celebrate the birth of a French prince (Louis), who died however in early childhood. Notwithstanding the efforts and ability of the Cardinal he was superseded as "Protector of the affairs of France" by Cardinal Ippolito d'Este, in consequence of an intrigue. He was not released from attendance however till about September 15, when he left Rome with Rabelais and some of his suite for Lyons. Scarcely had he arrived there than the death of Paul III necessitated his return to take part in the conclave which resulted (February 7, 1550) in the election of Cardinal del Monte, Julius III. Rabelais being left behind at Lyons occupied himself in editing and enlarging the despatch he had sent to Cardinal de Guise descriptive of the *sciomachia* and in preparing an almanack for 1550.

After the return of Cardinals Châtillon and Du Bellay from the conclave Rabelais while at Lyons was approached by the former with a suggestion that he should finish his *Fourth Book*, and again afterwards, when he had rejoined Du Bellay at St Maur-des-Fossés he was urged by the two Cardinals together and induced to continue it for the purpose of supporting the influence of the Du Bellay family and also to maintain the action of the French king in resisting the dictation of the new Pope, who insisted that Parma should remain in the hands of Ottavio Farnese, the grandson of Paul III. He had married Margaret the widow of Alessandro de' Medici, duke of Florence (a natural daughter of Charles V), while the claim of Orazio Farnese a younger brother, who had married Diane, a natural daughter of Henry II, was supported by Henry II. Rabelais finished the *Fourth Book* on those instructions. This accounts for the exceedingly anti-Roman note in several parts, as well as for the touching story of the decease of Guillaume Du Bellay in c. 27. The book itself is an account of Pantagruel's fleet and its voyage from St Malo to Utopia, and its various stopping places. The

"Islands," where they land, allow of burlesque descriptions, more or less transparent, of various places and persons concerned in political or ecclesiastical squabbles and contemporary events.

The complete *Fourth Book* was published March 1, 1552 (n.s.), and very soon the publisher was cited before the Council of the *Parlement de Paris* (of which Tira-queau was a member) and forbidden to sell any more copies till the King's good pleasure should be known. On the King's return from Metz the prohibition was removed, but it seems that, the difference with Rome having passed, Rabelais was soon after given up to his enemies. The formal resignations of his two *cures* at Meudon and Jambet, dated January 9, 1553, are still preserved, and there is a tradition that he died in April of that year and that he was buried in the cemetery of St Paul in the *rue des jardins* at Paris.

The *Fifth Book* was published posthumously. In 1562 appeared *l'Isle Sonante*, consisting of sixteen chapters and in 1564 an edition of 47 chapters, while a sixteenth century MS. containing 48 chapters was discovered in the *Bibliothèque Nationale* in 1840. There are differences in all these editions, and much difference of opinion obtains as to the authenticity. Generally at present it is allowed to be the work of Rabelais with some interpolations and adaptations. The subject of the book is the continuation of Pantagruel's voyage, the consultation of the Holy Bottle and the safe return of the travellers.

W. F. S.

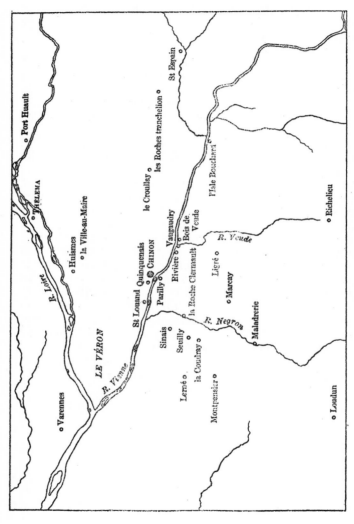

MAP OF THE CHINONAIS

# CONTENTS

## GARGANTUA

## PANTAGRUEL

## LIVRE III

## LIVRE IV

The five books of Rabelais's romance are referred to in the notes as *G.*, *P.*, III, IV, and V respectively. R. E. R.=*La Revue des Études rabelaisiennes.*

# GARGANTUA

## CHAPITRE I

*De la genealogie et antiquité de Gargantua*

JE vous remectz à la grande chronicque Pantagrueline recognoistre la genealogie et antiquité dont nous est venu Gargantua. En icelle vous entendrez plus au long comment les geands nasquirent en ce monde, et comment d'iceulx, par lignes directes, yssit Gargantua, pere de Pantagruel, et ne vous faschera si pour le present je m'en deporte, combien que la chose soit telle que, tant plus seroit remembrée, tant plus elle plairoit à vos Seigneuries ; comme vous avez l'autorité de Platon, *in Philebo* et *Gorgias,* et de Flacce, qui dict estre aulcuns propos, telz que ceulx cy sans doubte, qui plus sont delectables quand plus souvent sont redictz.

Pleust à Dieu qu'un chascun sceust aussi certainement sa genealogie, depuis l'arche de Noë jusques à cest eage! Je pense que plusieurs sont aujourd'huy empereurs, roys, ducz, princes et papes en la terre, lesquelz sont descenduz de quelques porteurs de rogatons et de coustretz[1], comme, au rebours, plusieurs sont gueux de l'hostiaire[2], souffreteux et miserables, lesquelz sont descenduz de sang et ligne de grandz roys et empereurs, attendu l'admirable transport des regnes et empires :

des Assyriens es Medes,
des Medes es Perses,
des Perses es Macedones,
des Macedones es Romains,
des Romains es Grecz,
des Grecz es Françoys[3].

1 Carriers of indulgences and dossers.
2 Beggars from door to door.
3 A scoffing allusion to the famous theory of the Translation of the Roman Empire, about which there has been so much controversy down to the

Et, pour vous donner à entendre de moy qui parle, je cuyde que soye descendu de quelque riche roy ou prince au temps jadis ; car oncques ne veistes homme qui eust plus grande affection d'estre roy et riche que moy, affin de faire grand chere, pas ne travailler, poinct ne me soucier, et bien enrichir mes amys et tous gens de bien et de sçavoir. Mais en ce je me reconforte que en l'aultre monde je le seray, voyre plus grand que de present ne l'auseroye soubhaitter. Vous en telle ou meilleure pensée reconfortez vostre malheur, et beuvez fraiz, si faire se peut.

Retournant à noz moutons[1], je vous dictz que par don souverain des cieulx nous a esté reservée l'antiquité et geneallogie de Gargantua plus entiere que nulle aultre, exceptez celle du Messias, dont je ne parle, car il ne me appartient, aussi les diables (ce sont les calumniateurs et caffars[2]) se y opposent. Et fut trouvée par Jean Audeau[3] en un pré qu'il avoit près l'arceau Gualeau, au dessoubz de l'Olive, tirant à Narsay[4], duquel faisant lever[5] les fossez, toucherent les piocheurs de leurs marres[6] un grand tombeau de bronze, long sans mesure, car oncques n'en trouverent le bout, par ce qu'il entroit trop avant les excluses de Vienne[7]. Icelluy ouvrans en certain lieu, signé, au dessus, d'un goubelet à l'entour duquel estoit escript en lettres Ethrusques : HIC BIBITUR, trouverent neuf flac-

17th century. Rabelais renders *Translatio a Graecis ad Francos* as above, making out Charlemagne, king of Franconia, to be a Frenchman. By "Greeks" are intended the Greeks of the Eastern Empire, whose Roman empire passed from Constantine VI to Charlemagne.

1 This well-known phrase is taken from the old French comedy, *La farce de Maistre Pierre Pathelin*, which Rabelais often quotes. The actual words in the farce are *revenons à ces moutons*, used by a judge before whom a draper is suing a shepherd for maltreating his sheep.

2 Hypocrites, from *cappa, caphardum*, a sort of hood (Ducange).

3 Probably some early acquaintance of Rabelais.

4 The arch of Gualeau and the hamlets of Olive and Narsay are all in the neighbourhood of Chinon.

5 Lever = to open.                              6 Mattocks.

7 The sluices of the Vienne. This is the river on which Chinon stands (v, 35) ; it flows into the Loire a little below. At a place called Civaux two leagues from Chauvigny in Lower Poitou are to be found a number of stone tombs nearly two leagues around, especially near the Vienne. Tradition asserts that these are tombs of the Visigoths slain by Clovis.

cons en tel ordre qu'on assiet les quilles en Guascoigne, desquelz celluy qui au mylieu estoit couvroit un gros, gras, grand, gris, joly, petit, moisy livret, plus, mais non mieulx sentent que roses.

En icelluy fut ladicte genealogie trouvée, escripte au long de lettres cancelleresques[1], non en papier, non en parchemin, non en cere, mais en escorce d'ulmeau[2], tant toutesfoys usées par vetusté qu'à poine en povoit on troys recongnoistre de ranc[3].

The early chapters of *Gargantua* are taken up with the birth of the giant Gargantua attended by all sorts of grotesque circumstances, the fifth chapter being especially noticeable for the discursive chatter of the neighbours, who are having a drinking-bout in the osier-bed by the river. It seems to be imitated from the *Convivium profanum* of Erasmus. Several interlocutors take part, to be distinguished by their talk, a cleric, a legist, a lanzknecht, a Basque &c. The childhood and apparelling of the hero are related in detail, followed by a discussion on the livery and colours of his clothes, blue and white, the heraldic colours of France; then we have an account of his boyhood and early education.

## CHAPITRE XIV

### *Comment Gargantua feut institué par un sophiste[4] en lettres latines*

CES propos entenduz, le bonhomme Grandgousier fut ravy en admiration, considerant le hault sens et merveilleux entendement de son filz Gargantua. Et dist à ses gouvernantes :

"Philippe, roy de Macedone, congneut le bon sens de son filz Alexandre à manier dextrement un cheval, car ledict cheval estoit si terrible et efrené que nul ne ausoit

---

1 In a chancery hand, i.e. in italics.    2 Patois for *ormeau*.

3 De ranc = on end.

4 From Erasmus onwards it was the fashion to speak of the theologians under the transparent disguise "Sophist." *R. E. R.* VIII, 299.

In this chapter is given a list, more or less complete, of the text-books

monter dessus, parce que à tous ses chevaucheurs il bailloit la saccade[1], à l'un rompant le coul, à l'aultre les jambes, à l'aultre le cervelle, à l'aultre les mandibules. Ce que considerant Alexandre en l'hippodrome (qui estoit le lieu où l'on pourmenoit et voultigeoit les chevaulx), advisa que la fureur du cheval ne venoit que de frayeur qu'il prenoit à son umbre. Dont, montant dessus, le feist courir encontre le soleil, si que l'umbre tumboit par derriere, et par ce moien rendit le cheval doulx à son vouloir. A quoy congneut son pere le divin entendement qui en luy estoit, et le feist tres bien endoctriner par Aristoteles, qui pour lors estoit estimé sus tous philosophes de Grece[2].

"Mais je vous diz qu'en ce seul propos que j'ay presentement davant vous tenu à mon filz Gargantua, je congnois que son entendement participe de quelque divinité, tant je le voy agu, subtil, profund et serain, et parviendra à degré souverain de sapience, s'il est bien institué. Pour tant, je veulx le bailler à quelque homme sçavant pour l'endoctriner selon sa capacité, et n'y veulx rien espargner."

De faict, l'on luy enseigna un grand docteur sophiste, nommé Maistre Thubal Holoferne[3], qui luy aprint sa charte[4] si bien qu'il la disoit par cueur au rebours; et y fut cinq ans et troys mois. Puis luy leut *Donat*, le *Facet*, *Theodolet* et Alanus *in Parabolis*[5]; et y fut treze ans six moys et deux sepmaines.

Mais notez que cependent il luy aprenoit à escripre gotticquement, et escripvoit tous ses livres, car l'art d'impression n'estoit encores en usaige.

of instruction which were in vogue in Rabelais's time, and which he holds up to ridicule.

1 Gave a fall.

2 This paragraph is taken from Plutarch's *Life of Alexander*, c. 6, 667 C, D, one of the few "Lives" which Rabelais used.

3 *Holofernes* is the name given to the schoolmaster in Shakespeare's *Love's Labour Lost*.

4 Alphabet, because it was ordinarily stuck on a piece of cardboard.

5 For these and the other text-books of the old learning mentioned in this chapter see Appendix A.

Et portoit ordinairement un gros escriptoire pesant plus de sept mille quintaulx, duquel le gualimart[1] estoit aussi gros et grand que les gros pilliers de Enay[2], et le cornet[3] y pendoit à grosses chaines de fer à la capacité d'un tonneau de marchandise.

Puis luy leugt *De modis significandi*, avecques les commens de Hurtebize, de Fasquin, de Tropditeulx, de Gualehaul, de Jean le Veau, de Billonio, Brelinguandus, et un tas d'aultres; et y fut plus de dix huyt ans et unze moys. Et le sceut si bien que, au coupelaud[4], il le rendoit par cueur à revers, et prouvoit sus ses doigtz à sa mere que *de modis significandi non erat scientia*.

Puis luy leugt le *Compost*, où il fut bien seize ans et deux moys, lors que son dict precepteur mourut.

Après en eut un aultre vieux tousseux, nommé Maistre Jobelin Bridé, qui luy leugt Hugutio, Hebrard *Grecisme, le Doctrinal, les Pars*, le *Quid est*, le *Supplementum*, Marmotret, *De moribus in mensa servandis*, Seneca *De quatuor virtutibus cardinalibus*, Passavantus *cum Commento*, et *Dormi secure* pour les festes, et quelques aultres de semblable farine. A la lecture desquelz il devint aussi saige qu'onques puis ne fourneasmes nous.

## CHAPITRE XV

*Comment Gargantua fut mis soubz aultres pedagoges*

A TANT son pere aperceut que vrayement il estudioit très bien et y mettoit tout son temps, toutesfoys qu'en rien ne prouffitoit et, que pis est, en devenoit fou, niays tout resveux et rassoté.

---

1 A case for pencils, pens &c.; from Lat. *calamarium*.

2 *Enay* is the Abbey of Ainay (*Ataneum*) at Lyons, founded in the 6th century on the site of a temple erected to the goddess Roma and to Augustus. Four old pillars of the temple still survive in the chancel of the church of Saint-Martin d'Ainay (*R. E. R.* VI, 385).

3 Ink-horn.    4 In examination.

De quoy se complaignant à Don Philippe des Marays, vice roy de Papeligosse[1], entendit que mieulx luy vauldroit rien n'aprendre que telz livres soubz telz precepteurs aprendre, car leur sçavoir n'estoit que besterie et leur sapience n'estoit que moufles[2], abastardisant les bons et nobles esperitz et corrompent toute fleur de jeunesse.

" Qu'ainsi soit, prenez (dist il) quelc'un de ces jeunes gens du temps present, qui ait seulement estudié deux ans. En cas qu'il ne ait meilleur jugement, meilleures parolles, meilleur propos que vostre filz, et meilleur entretien et honnesteté entre le monde, reputez moy à jamais un taillebacon[3] de la Brene[4]." Ce que à Grandgousier pleust très bien, et commanda qu'ainsi feust faict.

Au soir, en soupant, ledict Des Marays introduict un sien jeune paige de Villegongys[5], nommé Eudemon, tant bien testonné[6], tant bien tiré, tant bien espousseté, tant honneste en son maintien, que trop mieulx resembloit quelque petit angelot qu'un homme. Puis dist à Grandgousier :

"Voyez vous ce jeune enfant? Il n'a encor douze ans ; voyons, si bon vous semble, quelle difference y a entre le sçavoir de voz resveurs mateologiens[7] du temps jadis et les jeunes gens de maintenant."

L'essay pleut à Grandgousier, et commanda que le paige propozast. Alors Eudemon, demandant congié de

---

1 *Don Philippe des Marays.* Erasmi Epist. No. 180 (ed. Allen) is addressed to Joh. Paludanus (=des Marays), who was a friend and host of Erasmus. It serves as an introduction to a panegyric, addressed to Don Felipe (Philip the Fair), Viceroy of Castile (*Papeligosse*=Pampeluna and Saragossa), father of Charles V. This letter and panegyric (1504) served as an introduction to the *Institutio Principis Christiani*, which Erasmus dedicated to Charles V in 1516 on his accession to the throne of Spain. Thus Rabelais, who is engaged on educational themes in these chapters (14–24), shews his acquaintance with the work of Erasmus.

2 Trifles.                     3 Chawbacon.

4 *La Brene* (*G.* 3) is in Berry, which is full of ponds and marshes, (*R. E. R.* VII, 75) and therefore foggy. Hence the propriety of the name Des Marays.

5 Also in Berry (*R. E. R.* VII, 352).        6 Curled.

7 *Mateologians* (IV, 10, 4), ματαιολόγοι, vain-babblers, with a sly hint at *Theologiens*.

ce faire audict vice roy son maistre, le bonnet au poing, la face ouverte, la bouche vermeille, les yeulx asseurez et le reguard assis suz Gargantua avecques modestie juvenile, se tint sus ses pieds, et commença le louer et magnifier premierement de sa vertus et bonnes meurs, secondement de son sçavoir, tiercement de sa noblesse, quartement de sa beaulté corporelle, et, pour le quint, doulcement l'exhortoit à reverer son pere en toute observance, lequel tant s'estudioit à bien le faire instruire, enfin le prioit qu'il le voulsist retenir pour le moindre de ses serviteurs, car aultre don pour le present ne requeroit des cieulx, sinon qu'il luy feust faict grace de luy complaire en quelque service agreable. Le tout feut par icelluy proferé avecques gestes tant propres, pronunciation tant distincte, voix tant eloquente et languaige tant aorné et bien latin, que mieulx resembloit un Gracchus, un Ciceron ou un Emilius[1] du temps passé qu'un jouvenceau de ce siecle.

Mais toute la contenence de Gargantua fut qu'il se print à plorer comme une vache et se cachoit le visaige de son bonnet, et ne fut possible de tirer de luy une parolle.

Dont son pere fut tant courroussé qu'il voulut occire Maistre Jobelin. Mais ledict Des Marays l'en guarda par belle remonstrance qu'il luy feist, en maniere que fut son ire moderée. Puis commenda qu'il feust payé de ses guaiges et qu'on le feist bien chopiner sophisticquement[2]; ce faict, qu'il allast à tous les diables.

"Au moins (disoit il) pour le jourd'huy ne coustera il gueres à son houste, si d'aventure il mouroit ainsi, sou comme un Angloys."

Maistre Jobelin party de la maison, consulta Grand-

---

1 *Emilius* refers to M. Aemilius Lepidus, called Porcina (Cic. *Brutus*, 25 § 95), a consummate orator, instructor of T. Gracchus and C. Carbo. "Aemilian eloquence" occurs in *Hyp.* c. 10, g. vii recto, in Plut. *Numa*, c. 8, 65 D the punning quality αἱμυλία = deftness is attributed to the *gens Aemilia*.

2 In the earlier editions *théologalement*. H. Estienne, in *Apol. p. Herod.* c. 22, explains *vin théologal* as the best wine and flowing freely, citing Horace's *Lapibus Saliaribus* and *Pontificum potiore cenis*.

gousier avecques le vice roy quel precepteur l'on luy
pourroit bailler, et feut avisé entre eulx que à cest office
seroit mis Ponocrates[1], pedaguoge de Eudemon, et que
tous ensemble iroient à Paris, pour congnoistre quel estoit
l'estude des jouvenceaulx de France pour icelluy temps.

Chapters XVI—XXII are occupied with the journey to Paris
on the great Mare, the removal of the bells of Notre-Dame, and the
plea of the "Sophist" for their restoration, the squabbling of the
"Masters" on the subject, and Gargantua's manner of living, and
his 120 games.

## CHAPITRE XXIII

*Comment Gargantua feut institué par Ponocrates en telle
discipline qu'il ne perdoit heure du jour*

QUAND Ponocrates congneut la vitieuse maniere de vivre
de Gargantua, delibera aultrement le instituer en lettres,
mais pour les premiers jours le tolera, considerant que
Nature ne endure mutations soubdaines sans grande
violence.

Pour doncques mieulx son œuvre commencer, supplia
un sçavant medicin de celluy temps, nommé Maistre
Theodore, à ce qu'il considerast si possible estoit remettre
Gargantua en meilleure voye, lequel le purgea canonicque-
ment avec elebore de Anticyre[2] et par ce medicament
luy nettoya toute l'alteration et perverse habitude du
cerveau.  Par ce moyen aussi Ponocrates luy feist oublier
tout ce qu'il avoit apris soubz ses antiques precepteurs,
comme faisoit Timothé à ses disciples qui avoient esté
instruictz soubz aultres musiciens.

1 Ponocratès (IV, 22), the hard worker.  Ponocrates and Epistemon, the
tutors respectively of Gargantua and Pantagruel, are mentioned in III, 34 as
having been fellow-students of Rabelais at Montpellier.

2 *Black Hellebore* was the specific against paralysis, insanity, dropsy, gout
of long standing and arthritic diseases.  It was a strong purgative and
grew in Anticyra.

Pour mieulx ce faire, l'introduisoit es compaignies des gens sçavans que là estoient, à l'emulation desquelz luy creust l'esperit et le desir de estudier aultrement et se faire valoir.

Apres en tel train d'estude le mist qu'il ne perdoit heure quelconques du jour, ains tout son temps consommoit en lettres et honeste sçavoir.

Se esveilloit doncques Gargantua environ quatre heures du matin. Ce pendent qu'on le frotoit, luy estoit leue quelque pagine de la divine Escripture haultement et clerement, avec pronunciation competente à la matiere; et à ce estoit commis un jeune paige, natif de Basché[1], nommé Anagnostes[2]. Selon le propos et argument de ceste leçon souventesfoys se adonnoit à reverer, adorer, prier et supplier le bon Dieu, duquel la lecture monstroit la majesté et jugemens merveilleux.

Puis son precepteur repetoit ce que avoit esté leu, luy exposant les poinctz plus obscurs et difficiles.

Eulx retornans, consideroient l'estat du ciel: si tel estoit comme l'avoient noté au soir precedent, et quelz signes entroit le soleil, aussi la lune, pour icelle journée.

Ce faict, estoit habillé, peigné, testonné, accoustré et parfumé, durant lequel temps on luy repetoit les leçons du jour d'avant. Luy mesmes les disoit par cueur, et y fondoit quelque cas practicques et concernens l'estat humain, lesquelz ilz estendoient aulcunes foys jusques deux ou troys heures, mais ordinairement cessoient lors qu'il estoit du tout habillé.

Puis par troys bonnes heures luy estoit faicte lecture.

Ce faict, yssoient hors, tousjours conferens des propoz de la lecture, et se desportoient en Bracque[3], ou es prez, et jouoient à la balle, à la paulme, à la pile trigone[4],

1 A hamlet in the neighbourhood of Chinon.

2 Greek for a reader, cf. Mayor's *Juvenal*, XI, 180. This may be intended for Pierre Duchâtel, reader to Francis I, cf. IV, *Ep. Ded.*

3 The *Carrefour de Bracque*, now *la place de l'Estrapade*, where was a tennis-court.

4 Cf. Hor. *S.* 1, 6, 126, fugis campum lusumque trigona.

galentement se exercens les corps comme ilz avoient les
ames auparavant exercé.

Tout leur jeu n'estoit qu'en liberté, car ilz laissoient la
partie quant leur plaisoit et cessoient ordinairement lors
que suoient parmy le corps, ou estoient aultrement las.
Adoncq estoient tres bien essuez et frottez, changeoint
de chemise et, doulcement se pourmenans, alloient veoir sy
le disner estoit prest.  Là attendens, recitoient clerement
et eloquentement quelques sentences retenues de la leçon.

Ce pendent Monsieur l'Appetit venoit, et par bonne
oportunité s'asseoient à table.

Au commencement du repas estoit leue quelque histoire plaisante des anciennes prouesses, jusques à ce qu'il
eust prins son vin.

Lors (si bon sembloit) on continuoit la lecture, ou
commenceoient à diviser joyeusement ensemble, parlans,
pour les premiers moys, de la vertus, proprieté, efficace
et nature de tout ce que leur estoit servy à table : du
pain, du vin, de l'eau, du sel, des viandes, poissons, fruictz,
herbes, racines, et de l'aprest d'icelles.  Ce que faisant,
aprint en peu de temps tous les passaiges à ce competens
en  Pline, Athené, Dioscorides, Jullius Pollux, Galen,
Porphyre, Opian, Polybe, Heliodore, Aristoteles, Aelian[1]
et aultres.  Iceulx propos tenus, faisoient souvent, pour
plus estre asseurez, apporter les livres susdictz à table.
Et si bien et entierement retint en sa memoire les choses
dictes, que pour lors n'estoit medicin qui en sceust à la
moytié tant comme il faisoit.

Apres, devisoient des leçons leues au matin, et, para-
chevant leur repas par quelque confection de cotoniat[2],

1 Julius Pollux of Naucratis in Egypt lived at Athens about 180 A.D.
He was author of the *Onomasticon*, a treatise on every variety of subject.
Porphyrius was a Neo-Platonist, pupil and biographer of Plotinus.
Polybius is probably not the historian, but a pupil and son-in-law of
Hippocrates.  Aelian, a rhetorician of the time of Hadrian, wrote the *De
natura animalium* and *Varia Historia*.

2 A sweetmeat made of quince, from Lat. *cotoneatum*.  It is the same
as *pasté de coings* (III, 32) and *coudignac* (*Garg.* 32).  The latter form is from
the Provençal *coudougnac*.  *Cotignac*, the form in modern French, is a
*spécialité* of Orleans.

se couroit les dens avecques un trou de lentisce[1], se lavoit les mains et les yeulx de belle eaue fraische, et rendoient graces à Dieu par quelques beaulx canticques faictz à la louange de la munificence et benignité divine. Ce faict, on apportoit des chartes, non pour jouer, mais pour y apprendre mille petites gentillesses et inventions nouvelles, lesquelles toutes yssoient de arithmetique.

En ce moyen entra en affection de icelle science numerale, et tous les jours, apres disner et souper, y passoit temps aussi plaisantement qu'il souloit en dez ou es chartes. A tant, sceut d'icelle et theoricque et practicque si bien que Tunstal[2], Angloys, qui en avoit amplement escript, confessa que vrayement, en comparaison de luy, il n'y entendoit que le hault alemant.

Et non seulement d'icelle, mais des aultres sciences mathematicques, comme geometrie, astronomie et musicque ; car, attendens la concoction et digestion de son past, ilz faisoient mille joyeux instrumens et figures geometricques, et de mesmes pratiquoient les canons astronomicques.

Apres, se esbaudissoient à chanter musicalement à quatre et cinq parties, ou sus un theme à plaisir de gorge.

Au reguard des instrumens de musicque, il aprint jouer du luc, de l'espinette, de la harpe, de la flutte de Alemant et à neuf trouz, de la viole et de la sacqueboutte[3].

Ceste heure ainsi employée, la digestion parachevée, se remettoit à son estude principal par troys heures ou davantaige, tant à repeter la lecture matutinale que à poursuyvre le livre entreprins, que aussi à escripre et bien traire et former les antiques[4] et romaines lettres.

Ce faict, yssoient hors leur hostel, avecques eulx un jeune gentilhomme de Touraine, nommé l'escuyer Gymnaste, lequel luy monstroit l'art de chevalerie.

---

1 Mastick, cf. Lentiscum melius : sed si tibi frondea cuspis
                Defuerit, dentes penna levare potest.  Mart. XIV, 22.
2 Cuthbert Tunstal (1474–1559), Master of the Rolls, Bishop of London, translated to Durham (1529) in succession to Wolsey.  He published *C. Tonstalli de arte supputandi libri quatuor*, London, R. Pynson, 1522.
3 A trombone.                              4 Gothic.

Changeant doncques de vestemens, monstoit sus un coursier, sus un roussin, sus un genet, sus un cheval barbe, cheval legier, et luy donnoit cent quarieres[1], le faisoit voltiger en l'air, franchir le fossé, saulter le palys, court tourner en un cercle, tant à dextre comme à senestre.

Là rompoit non la lance, car c'est la plus grande resverye du monde dire: "J'ay rompu dix lances en tournoy ou en bataille"—un charpentier le feroit bien—mais louable gloire est d'une lance avoir rompu dix de ses ennemys. De sa lance doncq asserée[2], verde et roide, rompoit un huys[3], enfonçoit un harnoys, acculloyt[4] une arbre, enclavoyt un aneau, enlevoit une selle d'armes, un aubert, un gantelet. Le tout faisoit armé de pied en cap.

Au reguard de fanfarer et faire les petitz popismes[5] sus un cheval, nul ne le feist mieulx que luy. Le voltiger de Ferrare n'estoit q'un singe en comparaison. Singulierement, estoit aprins à saulter hastivement d'un cheval sus l'aultre sans prendre terre,—et nommoit on ces chevaulx desultoyres[6],—et de chascun cousté, la lance au poing, monter sans estriviers, et sans bride guider le cheval à son plaisir, car telles choses servent à discipline militaire.

Un aultre jour se exerceoit à la hasche, laquelle tant bien coulloyt, tant verdement de tous pics reserroyt, tant soupplement avalloit en taille ronde, qu'il feut passé chevalier d'armes en campaigne et en tous essays.

Puis bransloit la picque, sacquoit de l'espée à deux mains, de l'espée bastarde[7], de l'espagnole, de la dague et du poignard, armé, non armé, au boucler, à la cappe, à la rondelle[8].

Couroit le cerf, le chevreuil, l'ours, le dain, le sanglier, le lievre, la perdrys, le faisant, l'otarde[9]. Jouoit à la grosse balle et la faisoit bondir en l'air, autant du pied que du poing. Luctoit, couroit, saultoit, non à troys pas

---

1 Courses. Cf. Shakespeare, *Richard II*, Or, if misfortune miss the first *career*.

2 Tipped with steel.  3 A door, from Lat. *ostium*.

4 Uprooted.  5 Chirrups, cf. Plin. XXXV, 104.

6 Cf. Hom. *Il.* XV, 679–684; Liv. XXIII, 29, 5.  7 Back-sword.

8 Target.  9 Bustard.

un sault, non à clochepied, non au sault d'Alemant,—car (disoit Gymnaste) telz saulx sont inutiles et de nul bien en guerre,—mais d'un sault persoit un foussé, volloit sus une haye, montoit six pas encontre une muraille et rampoit en ceste façon à une fenestre de la haulteur d'une lance.

Nageoit en parfonde eau, à l'endroict, à l'envers, de cousté, de tout le corps, des seulz pieds, une main en l'air, en laquelle tenant un livre transpassoit toute la riviere de Seine sans icelluy mouiller, et tyrant par les dens son manteau, comme faisoit Jules Cesar[1]. Puis d'une main entroit par grande force en basteau ; d'icelluy se gettoit de rechief en l'eaue, la teste premiere, sondoit le parfond, creuzoyt les rochiers, plongeoit es abysmes et goufres. Puis icelluy basteau tournoit, gouvernoit, menoit hastivement, lentement, à fil d'eau, contre cours, le retenoit en pleine escluse, d'une main le guidoit, de l'aultre s'escrimoit avec un grand aviron, tendoit le vele, montoit au matz par les traictz[2], courroit sus les brancquars[3], adjustoit la boussole, contreventoit les bulines[4], bendoit le gouvernail.

Issant de l'eau, roidement montoit encontre la montaigne et devalloit aussi franchement ; gravoit es arbres comme un chat, saultoit de l'une en l'aultre comme un escurieux, abastoit les gros rameaulx comme un aultre Milo. Avec deux poignards asserez et deux poinsons[5] esprouvez montoit au hault d'une maison comme un rat, descendoit puis du hault en bas en telle composition des membres que de la cheute n'estoit aulcunement grevé.

Jectoit le dart, la barre, la pierre, la javeline, l'espieu[6], la halebarde, enfonceoit l'arc, bandoit es reins les fortes

1 In the Alexandrian war during a battle for the possession of Pharos, Caesar, being driven by a sudden sally of the enemy from a bridge into a boat together with many more, leaped into the sea and swam to the nearest ship 200 paces distant, carrying his papers in his left hand above the water and dragging his cloak with his teeth.

2 Shrouds.    3 Rigging.    4 Bowlines.
5 Bodkins.    6 Boar-spear.

arbalestes de passe[1], visoit de l'arquebouse[2] à l'œil,
affeustoit le canon, tyroit à la butte, au papeguay, du
bas en mont, d'amont en val, devant, de cousté, en arriere
comme les Parthes.

On luy atachoit un cable en quelque haulte tour,
pendent en terre; par icelluy avecques deux mains montoit, puis devaloit sy roidement et sy asseurement que
plus ne pourriez parmy un pré bien eguallé.

On luy mettoit une grosse perche apoyée à deux
arbres; à icelle se pendoit par les mains, et d'icelle alloit
et venoit sans des pieds à rien toucher, que à grande
course on ne l'eust peu aconcepvoir.

Et, pour se exercer le thorax et pulmon, crioit comme
tous les diables. Je l'ouy une foys appellant Eudemon,
depuis la porte Sainct Victor jusques à Montmartre[3];
Stentor n'eut oncques telle voix à la bataille de Troye.

Et, pour gualentir les nerfz, on luy avoit faict deux
grosses saulmones[4] de plomb, chascune du poys de huyt
mille sept cens quintaulx, lesquelles il nommoit alteres[5];
icelles prenoit de terre en chascune main et les elevoit
en l'air au dessus de la teste, et les tenoit ainsi, sans soy
remuer, troys quars d'heure et davantaige, que estoit une
force inimitable.

Jouoit aux barres[6] avecques les plus fors, et, quand le
poinct advenoit, se tenoit sus ses pieds tant roiddement
qu'il se abandonnoit es plus adventureux en cas qu'ilz le
feissent mouvoir de sa place, comme jadis faisoit Milo,
à l'imitation duquel aussi tenoit une pomme de grenade
en sa main et la donnoit à qui luy pourroit ouster.

Le temps ainsi employé, luy froté, nettoyé et refraischy

---

1 Rack-bent.

2 An *arquebuss* (Ital. *archibuso*, Fr. 16th cent. *haquebute*) was a very
heavy piece, fired from a rest; it required portentous strength to hold it so
as to take aim as with a fowling-piece.

3 From St Victor to Montmartre is practically from the extreme south-
east to the extreme north-west of Paris.

4 Rows.

5 ἀλτῆρες (ἅλλομαι), weights like dumb-bells used in jumping and thrown
backwards at the moment of taking a leap. Cf. Mart. xiv, 49.

6 Barriers.

d'habillemens, tout doulcement retournoit, et, passans par quelques prez ou aultres lieux herbuz, visitoient les arbres et plantes, les conferens avec les livres des anciens qui en ont escript, comme Theophraste, Dioscorides, Marinus, Pline, Nicander, Macer[1] et Galen, et en emportoient leurs plenes mains au logis, desquelles avoit la charge un jeune page, nommé Rhizotome[2], ensemble des marrochons[3], des pioches, cerfouettes[4], beches, tranches et aultres instrumens requis à bien arborizer.

Eulx arrivez au logis, ce pendent qu'on aprestoit le souper, repetoient quelques passaiges de ce qu'avoit esté leu et s'asseoient à table.

Notez icy que son disner estoit sobre et frugal, car tant seulement mangeoit pour refrener les haboys[5] de l'estomach; mais le soupper estoit copieux et large, car tant en prenoit que luy estoit de besoing à soy entretenir et nourrir, ce que est la vraye diete prescripte par l'art de bonne et seure medicine, quoy q'un tas de badaulx medicins, herselez en l'officine des sophistes, conseillent le contraire.

Durant icelluy repas estoit continuée la leçon du disner tant que bon sembloit; la reste estoit consommé en bons propous tous lettrez et utiles.

Apres graces rendues, se adonnoient à chanter musicalement, à jouer d'instrumens harmonieux, ou de ces petitz passetemps qu'on faict es chartes, es dez et guobeletz, et là demouroient, faisans grand chere et s'esbaudissans aulcunes foys jusques à l'heure de dormir; quelque foys alloient visiter les compaignies des gens lettrez, ou de gens que eussent veu pays estranges.

---

1 Theophrastus wrote in Greek two treatises on plants. Discorides wrote a *Materia Medica*. Marinus was a celebrated physician and analogist, tutor to Galen, but Rabelais here seems to have confused him with Pietro Marini of Foligno who translated the *De re rustica et hortensi* of Palladius. Nicander of Colophon (*circ.* 185–135 B.C.) wrote on toxicology. Macer here is probably an obscure writer of the 9th or 10th century, author of *De usibus herbarum versu heroico*.

2 Rhizotomus = herbalist in Greek.   3 Mattocks.
4 Grubbing-hooks.                      5 Cravings.

En pleine nuict, davant que soy retirer, alloient au lieu de leur logis le plus descouvert veoir la face du ciel, et là notoient les cometes, sy aulcunes estoient, les figures, situations, aspectz, oppositions et conjunctions des astres.

Puis avec son precepteur recapituloit briefvement, à la mode des Pythagoricques, tout ce qu'il avoit leu, veu, sceu, faict et entendu au decours de toute la journée.

Si prioient Dieu le createur, en l'adorant et ratifiant leur foy envers luy, et le glorifiant de sa bonté immense, et, luy rendant grace de tout le temps passé, se recommandoient à sa divine clemence pour tout l'advenir.

Ce faict, entroient en leur repous.

## CHAPITRE XXIV

### Comment Gargantua employoit le temps quand l'air estoit pluvieux

S'IL advenoit que l'air feust pluvieux et intemperé, tout le temps d'avant disner estoit employé comme de coustume, excepté qu'il faisoit allumer un beau et clair feu pour corriger l'intemperie de l'air. Mais apres disner, en lieu des exercitations, ilz demouroient en la maison et, par maniere de apotherapie[1], s'esbatoient à boteler[2] du foin, à fendre et scier du boys, et à batre les gerbes en la grange; puys estudioient en l'art de paincture et sculpture, ou revocquoient en usage l'anticque jeu des tables[3] ainsi qu'en a escript Leonicus[4] et comme y joue nostre bon amy Lascaris[5]. En y jouant recoloient les

1 Healthful recreation, a term borrowed from Galen (ἀποθεραπεία = recreation *after* exercise).

2 Truss.

3 Tali (ἀστράγαλοι) had two round sides and the other four marked 1, 3, 4, 6.

4 Nicolò Tomeo Leonico (i.e. of Lonigo) taught Greek first at Venice (1404–6) and for the rest of his life at Padua.

5 Janus Lascaris (1445–1535), by birth a Greek, was a celebrated scholar who came to France from Italy in 1496. He helped Budé and Erasmus in their Greek studies. Charles VIII and Louis XII employed him on affairs of State.

passaiges des auteurs anciens esquelz est faicte mention ou prinse quelque metaphore sus iceluy jeu.

Semblablement, ou alloient veoir comment on tiroit les metaulx, ou comment on fondoit l'artillerye, ou alloient veoir les lapidaires, orfevres et tailleurs de pierreries, ou les alchymistes et monoyeurs, ou les haultelissier[1], les tissotiers, les velotiers, les horologiers, miralliers[2], imprimeurs, organistes[3], tinturiers et aultres telles sortes d'ouvriers, et, partout donnans le vin, aprenoient et consideroient l'industrie et invention des mestiers.

Alloient ouïr les leçons publicques, les actes solennelz, les repetitions, les declamations, les playdoyez des gentilz advocatz, les concions des prescheurs evangeliques[4].

Passoit par les salles et lieux ordonnez pour l'escrime, et là contre les maistres essayoit de tous bastons, et leurs monstroit par evidence que autant, voyre plus, en sçavoit que iceulx.

Et, au lieu de arboriser, visitoient les bouticques des drogueurs, herbiers et apothecaires, et soigneusement consideroient les fruictz, racines, fueilles, gommes, semences, axunges, peregrines[5], ensemble aussi comment on les adulteroit.

Alloit veoir les basteleurs, trejectaires et theriacleurs[6], et consideroit leurs gestes, leurs ruses, leurs sobressaulx et beau parler, singulierement de ceulx de Chaunys[7] en Picardie, car ilz sont de nature grands jaseurs et beaulx bailleurs de baillivernes en matiere de cinges verds.

Eulx retournez pour soupper, mangeoient plus sobrement que es aultres jours et viandes plus desiccatives et extenuantes, affin que l'intemperie humide de l'air, communicqué au corps par necessaire confinité, feust par ce moyen corrigée, et ne leurs feust incommode par ne soy estre exercitez comme avoient de coustume.

---

1 Makers of tapestry.  2 Mirror-makers.  3 Instrument-makers.
4 Preachers of the Gospel. Cf. *Garg*. cc. XVII and XL. The early reformers called themselves "ceux de l'évangile."
5 Foreign unguents.  6 Tumblers, conjurors, and quack-salvers.
7 A yearly resort for actors, acrobats &c.

Ainsi fut gouverné Gargantua, et continuoit ce procès de jour en jour, profitant comme entendez que peut faire un jeune homme, scelon son aage, de bon sens, en tel exercice ainsi continué, lequel, combien que semblast pour le commencement difficile, en la continuation tant doulx fut, legier et delectable, que mieulx ressembloit un passetemps de roy que l'estude d'un escholier.

Toutesfoys Ponocrates, pour le sejourner de ceste vehemente intention des esperitz, advisoit une foys le moys quelque jour bien clair et serain, auquel bougeoient au matin de la ville, et alloient ou à Gentily, ou à Boloigne, ou à Montrouge, ou au pont Charanton, ou à Vanves, ou à Sainct Clou[1]. Et là passoient toute la journée à faire la plus grande chère dont ilz se pouvoient adviser, raillans, gaudissans, beuvans d'aultant, jouans, chantans, dansans, se voytrans en quelque beau pré, denichans des passereaulx, prenans des cailles, peschans aux grenoilles et escrevisses.

Mais, encores que icelle journée feust passée sans livres et lectures, poinct elle n'estoit passée sans proffit, car en beau pré ilz recoloient par cueur quelques plaisans vers de l'*Agriculture* de Virgile, de Hesiode, du *Rusticque* de Politian[2], descripvoient quelques plaisans epigrammes en latin, puis les mettoient par rondeaux et ballades en langue françoyse.

En banquetant, du vin aisgué[3] separoient l'eau, comme l'enseigne Cato, *De re rust.* et Pline, avecques un guobelet de lyerre; lavoient le vin en plain bassin d'eau, puis le retiroient avec un embut; faisoient aller l'eau d'un verre en aultre; bastisoient plusieurs petitz engins automates, c'est à dire soy mouvens eulx mesmes.

1 Villages to the south and west of the University quarter of Paris, where it was usual to take a day's outing.

2 Politian's courses of lectures at Florence were often introduced by a poem in Latin hexameters. Four of these, *Manto, Rusticus* (on Hesiod's *Works and Days*), *Ombra* and *Lutritia* have come down to us under the title of *Silvae*.

3 Wine mixed with water. *Aigue, iau* and *eve* all occur in old French as equivalents for *eau*. Cf. *aiguade* in IV, 66, and *Aigues-mortes* on the coast of Languedoc.

Chapters XXV—XXXII relate the brawl between the cake-bakers of Lerné and Grandgousier's shepherds and the war resulting in the storming of the Abbey-Close and its defence by Brother John, the occupation of La Roche-Clermaud, the distress of Grandgousier, his summons of Gargantua to help, his overtures through his envoy Ulrich Gallet, and his attempts to buy peace.

## CHAPITRE XXXIII

*Comment certains gouverneurs de Picrochole[1], par conseil precipité, le mirent au dernier peril*

LES fouaces destroussées, comparurent davant Picrochole les duc de Menuail, comte Spadassin et capitaine Merdaille, et luy dirent :

"Cyre, aujourd'huy nous vous rendons le plus heureux, plus chevaleureux prince qui oncques feust depuis la mort de Alexandre Macedo."

— Couvrez, couvrez vous, dist Picrochole.

— Grand mercy (dirent ilz), Cyre[2], nous sommes à nostre debvoir. Le moyen est tel :

"Vous laisserez icy quelque capitaine en garnison avec petite bande de gens pour garder la place, laquelle nous semble assez forte, tant par nature que par les rampars faictz à vostre invention. Vostre armée partirez en deux, comme trop mieulx l'entendez. L'une partie ira ruer sur ce Grandgousier et ses gens. Par icelle sera de prime abordée facilement desconfit. Là recouvrerez argent à

1 Picrochole (a word used by Hippocrates and Galen, signifying ill-tempered, choleric) represents Scèvole (or Gaucher) de Sainte-Marthe, a physician of the Abbey of Fontevrault. He is called *tiers de ce nom* because his father and grandfather had occupied the same position at Fontevrault. He owned two estates adjoining those of Antoine Rabelais, one at Le Chapeau near Chavigny-sur-Loire, another at Lerné near La Devinière. Sainte-Marthe had constructed a mill and made enclosures by piles and dams and otherwise, to the prejudice of owners of land on the rivers Vienne and Loire. These owners formed a company and chose Maistre Antoine Rabelais, the senior *avocat*, to defend their rights. It resulted in a protracted law-suit, which François Rabelais describes in the *Gargantua* under the guise of a war with all its accompaniments of artillery, alarms, excursions &c.

2 From κύριος, sometimes spelt Syre.

tas, car le vilain en a du content; vilain, disons nous, parce que un noble prince n'a jamais un sou[1]. Thesaurizer est faict de vilain. — L'aultre partie, cependent, tirera vers Onys, Sanctonge, Angomoys et Gascoigne, ensemble Perigot, Medoc et Elanes[2]. Sans resistence prendront villes, chasteaux et forteresses. A Bayonne, à Sainct Jean de Luc et Fontarabie sayzirez toutes les naufz, et, coustoyant vers Galice et Portugal, pillerez tous les lieux maritimes jusques à Ulisbonne[3], où aurez renfort de tout equipage requis à un conquerent. Par le corbieu, Hespaigne se rendra, car ce ne sont que madourrez[4]! Vous passerez par l'estroict de Sibyle[5], et là erigerez deux colonnes, plus magnificques que celles de Hercules, à perpetuelle memoire de vostre nom, et sera nommé cestuy destroict la mer Picrocholine. Passée la mer Picrocholine, voicy Barberousse[6] qui se rend vostre esclave....

— Je (dist Picrochole) le prendray à mercy.

— Voyre (dirent ilz), pourveu qu'il se face baptiser. Et oppugnerez les royaulmes de Tunic, de Hippes, Argiere, Bone, Corone[7], hardiment toute Barbarie[8]. Passant oultre, retiendrez en vostre main Majorque, Minorque, Sardaine, Corsicque et aultres isles de la mer Ligusticque et Baleare. Coustoyant à gausche, dominerez toute la Gaule Narbonicque[9], Provence et Allobroges, Genes, Florence, Lucques, et à Dieu seas[10] Rome! Le pauvre Monsieur du Pape[11] meurt desjà de peur.

---

1       Ung noble prince ung gentil roy
        N'a jamais ne pile ne croix.
            Le Roux de Lincy, *Prov. Franc.* II, p. 96.

2 = Landes.    3 Ulysses's town = Lisbon.    4 Loggerheads.

5 = Seville. But Rabelais means the Straits of Gibraltar. Apparently, under the influence of a mediaeval tradition which is represented in Dante, *Inf.* XX, 126, and XXVI, 118 (the famous passage about Ulysses), he is confusing Sibyle with Abyle = Lat. Abyla, the rock which forms with Calpa (Gibraltar) the so-called "pillars of Hercules."

6 The Turkish corsair, Khair Eddyn (1476–1546).    7 = Cyrene.

8 = the whole region of N. Africa—Tripoli, Tunis, Algeria and Morocco.

9 Gallia Narbonensis is Languedoc.

10 Gascon for *sois*.

11 Cf. M. de l'Ours (*Pant.* c. IV), M. du Paige (*ib.* c. XVII), M. du Roy (*ib.* c. XXX).

— Par ma foy (dist Picrochole), je ne lui baiseray jà sa pantoufle.

— Prinze Italie, voylà Naples, Calabre, Appoulle et Sicile toutes à sac, et Malthe avec. Je vouldrois bien que les plaisans chevaliers, jadis Rhodiens[1], vous resistassent!

— Je iroys (dict Picrochole) voluntiers à Laurette[2].

— Rien, rien (dirent ilz); ce sera au retour. De là prendrons Candie, Cypre, Rhodes et les isles Cyclades, et donnerons sus la Morée. Nous la tenons. Sainct Treignan[3], Dieu gard Hierusalem, car le soubdan n'est pas comparable à vostre puissance!

— Je (dist il) feray doncques bastir le Temple de Salomon.

— Non (dirent ilz) encores, attendez un peu. Ne soyez jamais tant soubdain à voz entreprinses. Sçavez vous que disoit Octavian Auguste? *Festina lente.* Il vous convient premierement avoir l'Asie Minor, Carie, Lycie, Pamphile, Celicie, Lydie, Phrygie, Mysie, Betune, Charazie, Satalie, Samagarie, Castamena, Luga, Savasta[4], jusques à Euphrates.

— Voyrons nous (dist Picrochole) Babylone et le Mont Sinay?

— Il n'est (dirent ilz) jà besoing pour ceste heure. N'est ce pas assez tracassé dea avoir transfreté la mer Hircane[5], chevauché les deux Armenies et les troys Arabies?

1 *Knights of Rhodes,* formerly of Jerusalem, where their first Grand Master was Fra Gerardo (1113–20). Driven from Jerusalem they were established in Rhodes in 1310. On Jan. 1, 1523, the Grand Master Villiers de l'Isle Adam (1521–34) and his followers nearly 5000 in number quitted Rhodes for ever, and on Oct. 26, 1530, they took formal possession of Malta, which had been assigned to them by Charles V.

2 Loreto, whither the Virgin's house was believed to have been transported by angels.

3 The Scottish saint, Ninian, called also St Ringan (cf. Scott's *Pirate*, c. xxv).

4 Bithynia, Sardis, Attalia (Acts xiv, 25) now Adalia in Pamphylia, Kastamoun (Castra Commeni), Sebaste in Cappadocia. Samagarie and Luga are unknown names.

5 The Caspian Sea.

— Par ma foy (dist il) nous sommes affolez.   Ha,
pauvres gens!

— Quoy? dirent ilz.

— Que boyrons nous par ces desers? Car Julian
Auguste[1] et tout son oust y moururent de soif, comme
l'on dict.

— Nous (dirent ilz) avons jà donné ordre à tout.   Par
la mer Siriace vous avez neuf mille quatorze grands
naufz, chargées des meilleurs vins du monde; elles arriverent à Japhes.   Là se sont trouvez vingt et deux cens
mille chameaulx et seize cens elephans, lesquelz aurez
prins à une chasse environ Sigeilmes[2], lorsque entrastes
en Libye, et d'abondant eustes toute la garavane de la
Mecha.   Ne vous fournirent ilz de vin à suffisance?

— Voire! Mais (dist il) nous ne beumes poinct frais.

— Par le vertus (dirent ilz) non pas d'un petit poisson,
un preux, un conquerent, un pretendent et aspirant à
l'empire univers ne peut tousjours avoir ses aizes.   Dieu
soit loué que estes venu, vous et voz gens, saufz et entiers
jusques au fleuve du Tigre!

— Mais (dist il) que faict ce pendent la part de nostre
armée qui desconfit ce villain humeux Grandgousier?

— Ilz ne chomment pas (dirent ilz); nous les rencon-
trerons tantost.   Ilz vous ont pris Bretaigne, Normandie,
Flandres, Haynault, Brabant, Artoys, Hollande, Selande.
Ilz ont passé le Rhein par sus le ventre des Suices et
Lansquenetz[3], et part d'entre eulx ont dompté Luxem-
bourg, Lorraine, la Champaigne, Savoye jusques à Lyon,
auquel lieu ont trouvé voz garnisons retournans des
conquestes navales de la mer Mediterrannée, et se sont
reassemblez en Boheme, apres avoir mis à sac Soueve,
Vuitemberg, Bavieres, Austriche, Moravie et Stirie; puis
ont donné fierement ensemble sus Lubek, Norwerge,

---

1 *Julian the Apostate* thus lost his army and his life 363 A.D., owing to
the treachery of the Parthians (Amm. Marcell. xxv, 3).

2 Arab. *Sidjilmassa*.   A considerable place in the Middle Ages, now
gone to ruin.

3 German foot-soldiers employed as mercenaries (*Landsknechte*).

Swedenrich, Dace[1], Gotthie[2], Engroneland[3], les Estrelins[4],
jusques à la mer Glaciale. Ce faict, conquesterent les
isles Orchades et subjuguerent Escosse, Angleterre et
Irlande. De là, navigans par la mer Sabuleuse[5] et par
les Sarmates, ont vaincu et dominé Prussie, Polonie,
Litwanie, Russie, Valache, la Transsilvane et Hongrie,
Bulgarie, Turquie, et sont à Constantinoble.

— Allons nous (dist Picrochole) rendre à eulx le plus
toust, car je veulx estre aussi empereur de Thebizonde[6].
Ne tuerons nous pas tous ces chiens turcs et Mahume-
tistes?

— Que diable (dirent ilz) ferons nous doncques? Et
donnerez leurs biens et terres à ceulx qui vous auront
servy honnestement.

— La raison (dist il) le veult; c'est equité. Je vous
donne la Carmaigne[7], Surie et toute Palestine.

— Ha! (dirent ilz) Cyre, c'est du bien de vous. Grand
mercy! Dieu vous face bien tousjours prosperer!"

Là present estoit un vieux gentilhomme, esprouvé en
divers hazars et vray routier de guerre, nommé Echephron[8], lequel, ouyant ces propous, dist:

"J'ay grand peur que toute ceste entreprinse sera
semblable à la farce du pot au laict, duquel un cordouan-
nier se faisoit riche par resverie; puis, le pot cassé, n'eut
de quoy disner[9]. Que pretendez vous par ces belles conquestes? Quelle sera la fin de tant de travaulx et
traverses?

1 The name given to Denmark by Aeneas Sylvius (Pope Pius II) in his
*Cosmographie*. 2 The southern part of Sweden.
3 Greenland. 4 The Baltic merchants of the Hanseatic League.
5 This the *Pontus Sabulosus* of Ptolemy seems to be the Kattegat, Great
Belt and the straits between Scandinavia and Denmark, all of which are
full of shoals.
6 The empire of Trebizond, founded in 1204 by Alexis Comnenus after
the conquest of Constantinople by the Latins, is frequently mentioned in
the romances of chivalry.
7 *Caramania*. The modern Kirman, a province of Persia to the west of
Beloochistan, reaching down to the Straits of Ormuz.
8 Gk. 'Εχέφρων (*Od.* III, 413), prudent, sensible.
9 This farce supplied Des Periers with his charming novel (xii) *La laitière
et le pot au lait*, afterwards popularized by La Fontaine.

— Ce sera (dist Picrochole) que, nous retournez, repouserons à noz aises."

Dont dist Echephron :

"Et, si par cas jamais n'en retournez, car le voyage est long et pereilleux, n'est ce mieulx que des maintenant nous repousons, sans nous mettre en ces hazars ?

— O (dist Spadassin) par Dieu, voicy un bon resveux ! Mais allons nous cacher au coing de la cheminée, et là passons avec les dames nostre vie et nostre temps à enfiller des perles, ou à filler comme Sardanapalus. Qui ne se adventure, n'a cheval ny mule, ce dist Salomon[1].

— Qui trop (dist Echephron) se adventure perd cheval et mulle, respondit Malcon[2].

— Baste ! (dist Picrochole) passons oultre. Je ne crains que ces diables de legions de Grandgousier. Ce pendent que nous sommes en Mesopotamie, s'ilz nous donnoient sus la queue, quel remede ?

— Tres bon (dist Merdaille). Une belle petite commission, laquelle vous envoirez es Moscovites, vous mettra en camp pour un moment quatre cens cinquante mille combatans d'eslite. O, si vous me y faictes vostre lieutenant, je tueroys un pigne pour un mercier[3] ! Je mors, je rue, je frappe, je attrape, je tue, je renye !

— Sus, sus (dict Picrochole), qu'on despesche tout, et qui me ayme si me suyve !"

Gargantua comes from Paris to Parillé, near Chinon, and sends forward his scout Gymnast who falls in with a party of the enemy and scares them with his gymnastic feats. He himself goes on and demolishes the Castle at the ford of Veda, and comes to Grandgousier in his Castle (la Devinière) and is welcomed and entertained at supper (Chapters XXXIV—XXXVII).

1 The reference is to the popular *Salomonis et Marculphi dialogus*.

2 The episode of the advice of Echephron, indeed the whole chapter, is an adaptation and amplification of Plutarch, *vit. Pyrrhi*, c. 14, where the minister Cineas vainly attempts to dissuade Pyrrhus from attacking the Romans.

3 *Comb for a Pedlar*. In his excitement the speaker reverses the order of the words ; he means that he would "kill a pedlar for a comb," i.e. he would take a man's life for the merest trifle.

## CHAPITRE XXXVIII

*Comment Gargantua mangea en sallade six pelerins*

LE propos requiert que racontons ce qu'advint à six pelerins, qui venoient de Sainct Sebastien, pres de Nantes[1], et pour soy herberger celle nuict, de peur des ennemys, s'estoient mussez[2] au jardin dessus les poyzars[3], entre les choulx et lectues. Gargantua se trouva quelque peu alteré et demanda si l'on pourroit trouver de lectues pour faire sallade, et, entendent qu'il y en avoit des plus belles et grandes du pays, car elles estoient grandes comme pruniers ou noyers, y voulut aller luy mesmes et en emporta en sa main ce que bon luy sembla. Ensemble emporta les six pelerins, lesquelz avoient si grand paour qu'ilz ne ausoient ny parler ny tousser.

Les lavant doncques premierement en la fontaine, les pelerins disoient en voix basse l'un à l'aultre : "Qu'est il de faire ? Nous noyons icy, entre ces lectues. Parlerons nous ? Mais, si nous parlons, il nous tuera comme espies." Et, comme ilz deliberoient ainsi, Gargantua les mist avecques ses lectues dedans un plat de la maison, grand comme la tonne de Cisteaulx, et, avecques huille et vinaigre et sel, les mangeoit pour soy refraischir davant souper, et avoit jà engoullé cinq des pelerins. Le sixiesme estoit dedans le plat, caché soubz une lectue, excepté son bourdon qui apparoissoit au dessus. Lequel voyant, Grandgousier dist à Gargantua :

"Je croy que c'est là une corne de limasson; ne le mangez poinct.

— Pourquoy ? (dist Gargantua). Ilz sont bons tout ce moys."

1 St Sebastian's body was claimed to be at Piligny near Nantes (cf. c. xLV), though the same claim is made by Rome, Soissons and Narbonne (R.). St Sebastien d'Aigne (cant. Nantes) on the left bank of the Loire was a celebrated resort for pilgrims (*R. E. R.* x, 106).
2 Hidden.                                    3 Pea-straws.

Et, tyrant le bourdon, ensemble enleva le pelerin, et le mangeoit tres bien; puis beut un horrible traict de vin pineau[1], et attendirent que l'on apprestast le souper.

Les pelerins ainsi devorez se tirerent hors les meulles de ses dentz le mieulx que faire peurent, et pensoient qu'on les eust mys en quelque basse fousse des prisons, et, lors que Gargantua beut le grand traict, cuyderent noyer en sa bouche, et le torrent du vin presque les emporta au gouffre de son estomach; toutesfoys, saultans avec leurs bourdons, comme font les micquelotz[2], se mirent en franchise[3] l'orée des dentz. Mais, par malheur, l'un d'eux, tastant avecques son bourdon le pays à sçavoir s'ilz estoient en sceureté, frappa rudement en la faulte d'une dent creuze et ferut le nerf de la mandibule, dont feist tres forte douleur à Gargantua, et commença crier de raige qu'il enduroit. Pour doncques se soulaiger du mal, feist aporter son curedentz et, sortant vers le noyer grollier[4], vous denigea Messieurs les pelerins. Car il arrapoit l'un par les jambes, l'aultre par les espaules, l'aultre par la bezace, l'aultre par la foilluze[5], l'aultre par l'escharpe, et le pauvre haire qui l'avoit feru du bourdon, le accrochea par la braguette; toutesfoys ce luy fut un grand heur, car il luy percea une bosse[6] qui le martyrisoit depuis le temps qu'ilz eurent passé Ancenys[7].

Ainsi les pelerins denigez s'enfuyrent à travers la plante à beau trot, et appaisa la douleur.

Whilst they are at supper the Monk is brought and made much of. He entertains the company with a lively conversation (Chapters XXXIX, XL).

1 *Vin Pineau* was of the growth of La Devinière (Chapter V).
2 Pilgrims to *St Michel sur mer* in Normandy. They had to use their staves to leap over the sands at ebb-tide.
3 Put themselves in shelter.
4 Cf. III, 32 *fin.* This is another allusion to La Devinière. For *grolle* cf. *G.* 22 *sub fin.*, IV, 52, *noix groslière* IV, 63, prob. =a tree that produced large walnuts which the rooks affected; or *grolle* may be the target set up in this tree.
5 Pouch.                                    6 Botch.
7 A town in Brittany between Angers and Nantes.

## CHAPITRE XL

*Pourquoy les moynes sont refuyz du monde, et pourquoy les ungs ont le nez plus grand que les aultres*

"Foy de christian! (dist Eudemon) je entre en grande resverie, considerant l'honnesteté de ce moyne, car il nous esbaudist icy tous. Et comment doncques est ce qu'on rechasse les moyens de toutes bonnes compaignies, les appellans troublefeste, comme abeilles chassent les freslons d'entour leurs rousches?

*Ignavum fucos pecus*
(dist Maro),
*a presepibus arcent*[1]."

A quoy respondit Gargantua:

"Il n'y a rien si vray que le froc et la cogule tire à soy les opprobres, injures et maledictions du monde, tout ainsi comme le vent dict Cecias[2] attire les nues. La raison peremptoire est parce qu'ilz mangent la merde du monde, c'est à dire les pechez, et comme machemerdes l'on les rejecte en leurs retraictz, ce sont leurs conventz et abbayes, separez de conversation politicque comme sont les retraictz d'une maison. Mais, si entendez pourquoy un cinge en une famille est tousjours mocqué et herselé, vous entendrez pourquoy les moynes sont de tous refuys, et des vieux et des jeunes. Le cinge ne guarde poinct la maison, comme un chien; il ne tire pas l'aroy, comme le beuf; il ne produict ny laict ny layne, comme la brebis; il ne porte pas le faiz, comme le cheval. Ce qu'il faict est tout degaster, qui est la cause pourquoy de tous repceoyt mocqueries et bastonnades. Semblablement, un moyne (j'entends de ces ocieux moynes) ne laboure comme le paisant, ne garde le pays comme l'homme de guerre, ne guerist les malades comme le

1 Verg. *Georg.* IV, 168, *fucos*=drones.
2 Καικίας, Lat. Vulturnus=E.N.E.

medicin, ne presche ny endoctrine le monde comme le
bon docteur evangelicque[1] et pedagoge, ne porte les
commoditez et choses necessaires à la republicque comme
le marchant. Ce est la cause pourquoy de tous sont
huez et abhorrys.

— Voyre, mais (dist Grandgousier) ilz prient Dieu
pour nous.

— Rien moins (respondit Gargantua). Vray est qu'ilz
molestent tout leur voisinage à force de trinqueballer
leurs cloches.

— Voyre (dist le moyne), une messe, unes matines,
unes vespres bien sonnéez sont à demy dictes.

— Ilz marmonnent grand renfort de legendes et
pseaulmes nullement par eulx entenduz ; ilz content
force patenostres, entrelardées de longs *Ave Mariaz*,
sans y penser ny entendre, et ce je appelle mocquedieu,
non oraison. Mais ainsi leurs ayde Dieu s'ilz prient pour
nous, et non par paour de perdre leurs miches[2] et souppes
grasses. Tous vrays christians, de tous estatz, en tous
lieux, en tous temps, prient Dieu, et l'Esperit prie et
interpelle pour iceulx, et Dieu les prent en grace. Maintenant tel est nostre bon Frere Jean. Pourtant chascun
le soubhaite en sa compaignie. Il n'est point bigot ; il
n'est poinct dessiré[3] ; il est honeste, joyeux, deliberé[4],
bon compaignon ; il travaille ; il labeure ; il defent les
opprimez ; il conforte les affligez ; il subvient es souffreteux ; il garde les clous de l'abbaye.

— Je foys (dist le moyne) bien dadvantaige ; car, en
despeschant nos matines et anniversaires on cueur,
ensemble je fois des chordes d'arbaleste, je polys des
matraz et guarrotz[5], je foys des retz et des poches à
prendre les connis. Jamais je ne suis oisif.

# CHAPITRE XLI

*Comment le moyne feist dormir Gargantua, et de ses heures et breviaire*

LE souper achevé, consulterent sus l'affaire instant, et feut conclud que environ la minuict ilz sortiroient à l'escarmouche pour sçavoir quel guet et diligence faisoient leurs ennemys; en ce pendent, qu'il se reposeroient quelque peu pour estre plus frais. Mais Gargantua ne povoit dormir en quelque façon qu'il se mist. Dont luy dist le moyne:

"Je ne dors jamais bien à mon aise, sinon quand je suis au sermon ou quand je prie Dieu. Je vous supplye, commençons, vous et moy, les sept pseaulmes, pour veoir si tantost ne serez endormy."

L'invention pleut tres bien à Gargantua, et, commenceant le premier pseaulme, sus le poinct de *Beati quorum*[1] s'endormirent et l'un et l'aultre. Mais le moyne ne faillit oncques à s'esveiller avant la minuict, tant il estoit habitué à l'heure des matines claustralles. Luy esveillé, tous les aultres esveilla, chantant à pleine voix la chanson:

"Ho, Regnault, reveille toy, veille;
O, Regnault, reveille toy."

Quand tous furent esveillez, il dict:

"Messieurs, l'on dict que matines commencent par tousser, et souper par boyre. Faisons au rebours; commençons maintenant noz matines par boyre, et de soir, à l'entrée de souper, nous tousserons à qui mieulx mieulx."

Dont dist Gargantua:

"Boyre si tost apres le dormir, ce n'est vescu en diete de medicine. Il se fault premier escurer l'estomach des superfluitez.

---

[1] The *first Psalm* is the first penitential Psalm (the 6th), the second being the 32nd (or 31st in the Vulgate) beginning *Beati quorum*. The seven in the Vulgate are 6, 31, 37, 50, 101, 129, 142.

— C'est (dist le moyne) bien mediciné! Cent diables
me saultent au corps s'il n'y a plus de vieulx hyvrognes
qu'il n'y a de vieulx medicins[1]! J'ay composé avecques
mon appetit en telle paction que tousjours il se couche
avecques moy, et à cela je donne bon ordre le jour durant,
aussy avecques moy il se lieve. Rendez tant que vouldrez
voz cures[2], je m'en voys apres mon tyrouer[3].

— Quel tyrouer (dist Gargantua) entendez vous?

— Mon breviaire (dist le moyne), car—tout ainsi que
les faulconniers, davant que paistre leurs oyseaux, les
font tyrer[4] quelque pied de poulle pour leurs purger le
cerveau des phlegmes et pour les mettre en appetit,—
ainsi, prenant ce joyeux petit breviaire[5] au matin, je
m'escure tout le poulmon, et voy me là prest à boyre.

— A quel usaige[6] (dist Gargantua) dictez vous ces
belles heures?

— A l'usaige (dist le moyne) de Fecan, à troys
pseaulmes et troys leçons, ou rien du tout qui ne veult.
Jamais je ne me assubjectis à heures: les heures sont
faictez pour l'homme, et non l'homme pour les heures.
Pour tant je foys des miennes à guise d'estrivieres; je
les acourcis ou allonge quand bon me semble: *brevis
oratio penetrat celos, longa potatio evacuat cyphos*. Où est
escript cela?

— Par ma foy (dist Ponocrates), je ne sçay; mais tu
vaulx trop!

— En cela (dist le moyne) je vous ressemble. Mais
*venite apotemus*."

L'on apresta carbonnades[7] à force et belles souppes de

1 The *proverbia communia* of Jo. Aegidius Nuceriensis (1519) give:
On voit plus de vieulx gourmands (hyvrognes R.) que de vieulx
medecins. Cf. Regnier, *Sat.* x, 160, Qu'un jeune medecin vit moins qu'un
vieux yvrogne.
2 Castings.                            3 Tiring, a term in falconry.
4 A term in falconry signifying to seize ravenously.
5 A flask made in the shape of a breviary.
6 *Use*, i.e. the custom of a particular church. Cf. *the Sarum use.* The
Benedictine Abbey of Fécamps in Normandy was proverbial for the laxity
of its discipline. The shortest service was of three lessons and three psalms,
the longest of nine lessons and nine psalms.          7 Rashers on the coals.

primes[1], et beut le moyne à son plaisir. Aulcuns luy tindrent compaignie, les aultres s'en deporterent. Apres, chascun commença soy armer et accoustrer, et armerent le moyne contre son vouloir, car il ne vouloit aultres armes que son froc davant son estomach et le baston de la croix en son poing. Toutesfoys, à leur plaisir feut armé de pied en cap et monté sus un bon coursier du royaulme[2], et un gros braquemart au cousté, ensemble Gargantua, Ponocrates, Gymnaste, Eudemon et vingt et cinq des plus adventureux de la maison de Grandgousier, tous armez à l'advantaige, la lance au poing, montez comme sainct George, chascun ayant un harquebouzier en crope.

## CHAPITRE XLII

### *Comment le moyne donne couraige à ses compaignons et comment il pendit à une arbre*

OR s'en vont les nobles champions à leur adventure, bien deliberez d'entendre quelle rencontre fauldra poursuyvre et de quoy se fauldra contregarder, quand viendra la journée de la grande et horrible bataille. Et le moyne leur donne couraige, disant :

"Enfans, n'ayez ny paour ny doubte, je vous conduiray seurement. Dieu et sainct Benoist soient avecques nous! Si j'avoys la force de mesmes le couraige, par la mort bieu, je vous les plumeroys comme un canart! Je ne crains rien fors l'artillerie. Toutesfoys, je sçay quelque oraison que m'a baillé le soubsecretain de nostre abbaye, laquelle guarentist la personne de toutes bouches à feu ; mais elle ne me profitera de rien, car je n'y adjouste poinct de foy. Toutesfoys, mon baston de croix fera diables. Par Dieu, qui fera la cane[3] de vous aultres, je

1 Brewis of prime.
2 Neapolitan, from Ital. *cavallo di regno* [di Napoli]. These horses were highly prized.
3 Play the duck, i.e. the coward, like ducks which dive to escape danger.

me donne au diable si je ne le fays moyne en mon lieu et l'enchevestre de mon froc : il porte medicine à couhardise de gens. Avez point ouy parler du levrier de Monsieur de Meurles, qui ne valloit rien pour les champs? Il luy mist un froc au col. Par le corps Dieu, il n'eschappoit ny lievre ny regnard devant luy.

Le moyne, disant ces parolles en cholere, passa soubz un noyer, tyrant vers la Saullaye, et embrocha la visiere de son heaulme à la roupte d'une grosse branche du noyer. Ce non obstant donna fierement des esperons à son cheval, lequel estoit chastouilleur à la poincte, en maniere que le cheval bondit en avant, et le moyne, voulant deffaire sa visiere du croc, lasche la bride et de la main se pend aux branches, ce pendent que le cheval se desrobe dessoubz luy. Par ce moyen demoura le moyne pendent au noyer et criant à l'aide et au meurtre, protestant aussi de trahison.

Eudemon premier l'aperceut et, appellant Gargantua : "Sire, venez et voyez Absalon pendu!" Gargantua, venu, considera la contenence du moyne et la forme dont il pendoit, et dist à Eudemon :

"Vous avez mal rencontré, le comparant à Absalon, car Absalon se pendit par les cheveux ; mais le moyne, ras de teste, s'est pendu par les aureilles.

— Aydez moy (dist le moyne), de par le diable! N'est il pas bien le temps de jazer? Vous me semblez les prescheurs decretalistes, qui disent que quiconques voira son prochain en dangier de mort, il le doibt, sus peine d'excommunication trisulce[1], plustoust admonnester de soy confesser et mettre en estat de grace que de luy ayder. Quand doncques je les voiray tombez en la riviere et prestz d'estre noyez, en lieu de les aller querir et bailler la main, je leur feray un beau et long sermon *de contemptu mundi et fuga seculi*[2], et, lorsqu'ilz seront roides mors, je les iray pescher.

[1] Three-forked. Cf. Cui dextra trisulcis Ignibus armata est. Ov. *Met.* II, 848 (of Jupiter).

[2] A treatise of Pope Innocent III.

— Ne bouge (dist Gymnaste), mon mignon, je te voys querir, car tu es gentil petit *monachus*:

> "*Monachus in claustro*
> *Non valet ova duo*[1]*;*
> *Sed, quando est extra*
> *Bene valet triginta.*

"J'ay veu des pendus plus de cinq cens, mais je n'en veis oncques qui eust meilleure grace en pendilant, et, si je l'avoys aussi bonne, je vouldroys ainsi pendre toute ma vye.

— Aurez vous (dist le moyne) tantost assez presché? Aidez moy de par Dieu, puisque de par l'Aultre ne voulez. Par l'habit que je porte, vous en repentirez *tempore et loco prelibatis*."

Allors descendit Gymnaste de son cheval, et, montant au noyer, souleva le moyne par les goussetz d'une main, et de l'autre deffist sa visiere du croc de l'arbre, et ainsi le laissa tomber en terre et soy apres.

Descendu que feut, le moyne se deffist de tout son arnoys et getta l'une piece apres l'autre parmy le champ, et, reprenant son baston de la croix, remonta sus son cheval, lequel Eudemon avoit retenu à la fuite.

Ainsi s'en vont joyeusement, tenans le chemin de la Saullaye.


## CHAPITRE XLIII

*Comment l'escharmouche de Picrochole feut rencontré par Gargantua, et comment le moyne tua le capitaine Tyravant, et puis fut prisonnier entre les ennemys*

PICROCHOLE, à la relation de ceulx qui avoient evadé à la roupte lors que Tripet fut estripé, feut esprins de grand courroux, ouyant que les diables avoient couru suz ses gens, et tint son conseil toute la nuict, auquel Hastiveau et Toucquedillon conclurent que sa puissance estoit telle

---

1 i.e. he is no good for "questing" or foraging purposes.

qu'il pourroit defaire tous les diables d'enfer s'ilz y venoient, ce que Picrochole ne croyoit du tout, aussy ne s'en defioit il.

Pourtant envoya soubz la conduicte du conte Tyravant, pour descouvrir le pays, seize cens chevaliers, tous montez sus chevaulx legiers, en escarmousche, tous bien aspergez d'eau beniste et chascun ayant pour leur signe une estolle en escharpe, à toutes adventures, s'ilz rencontroient les diables, que par vertus tant de ceste eau Gringorienne que des estolles, yceulx feissent disparoir et esvanouyr. Coururent doncques jusques pres La Vauguyon et la Maladerye, mais oncques ne trouverent personne à qui parler, dont repasserent par le dessus, et en la loge et tugure[1] pastoral, pres le Couldray, trouverent les cinq pelerins, lesquelz liez et baffouez emmenerent comme s'ilz feussent espies, non obstant les exclamations, adjurations et requestes qu'ilz feissent. Descendus de là vers Seuillé, furent entenduz par Gargantua, lequel dist à ses gens:

"Compaignons, il y a icy rencontre, et sont en nombre trop plus dix foys que nous. Chocquerons nous sus eulx?

— Que diable (dist le moyne) ferons nous doncq? Estimez vous les hommes par nombre, et non par vertus et hardiesse?" Puis s'escria: "Chocquons, diables, chocquons!"

Ce que entendens, les ennemys pensoient certainement que feussent vrays diables, dont commencerent fuyr à bride avallée, excepté Tyravant, lequel coucha sa lance en l'arrest et en ferut à toute oultrance le moyne au milieu de la poictrine; mais, rencontrant le froc horrifique, rebouscha[2] par le fer, comme si vous frappiez d'une petite bougie contre une enclume. Adoncq le moyne avec son baston de croix luy donna entre col et collet sus l'os acromion[3] si rudement qu'il l'estonna[4] et feist perdre tout sens et movement, et tomba es piedz du

---

1 Hut.  2 Bent back.  3 Acromion bone.
4 Stunned. Shakespeare uses *astonish* in the same sense (*Henry V*, v, i, 40).

cheval. Et, voyant l'estolle qu'il portoit en escharpe, dist à Gargantua :

"Ceulx cy ne sont que prebstres : ce n'est q'un commencement de moyne. Par sainct Jean, je suis moyne parfaict : je vous en tueray comme de mousches."

Puis le grand gualot courut apres, tant qu'il atrapa les derniers, et les abbastoit comme seille, frapant à tors et à travers.

Gymnaste interrogua sus l'heure Gargantua s'ilz les debvoient poursuyvre. A quoy dist Gargantua :

"Nullement, car, selon vraye discipline militaire, jamais ne fault mettre son ennemy en lieu de desespoir, parce que telle necessité luy multiplie sa force et accroist le couraige qui jà estoit deject et failly, et n'y a meilleur remede de salut à gens estommiz et recreuz¹ que de ne esperer salut aulcun. Quantes victoires ont esté tollues des mains des vaincqueurs par les vaincuz, quand il ne se sont contentés de raison, mais ont attempté du tout mettre à internition et destruire totalement leurs ennemys, sans en vouloir laisser un seul pour en porter les nouvelles ! Ouvrez tousjours à voz ennemys toutes les portes et chemins, et plustost leurs faictes un pont d'argent affin de les renvoyer.

— Voyre, mais (dist Gymnaste) ilz ont le moyne.

— Ont ilz (dist Gargantua) le moyne ? Sus mon honneur, que ce sera à leur dommaige ! Mais, affin de survenir à tous azars, ne nous retirons pas encores ; attendons icy en silence, car je pense jà assez congnoistre l'engin de noz ennemys. Il se guident par sort, non par conseil."

Iceulx ainsi attendens soubz les noiers, ce pendent le moyne poursuyvoit, chocquant tous ceulx qu'il rencontroit, sans de nully avoir mercy, jusque à ce qu'il rencontra un chevalier qui portoit en crope un des pauvres pelerins. Et là, le voulent mettre à sac, s'escria le pelerin :

"Ha, Monsieur le Priour, mon amy, Monsieur le Priour, sauvez moy, je vous en prie !"

---

¹ Dismayed and recreant. *Estommis*=O.F. *estormis* from Low Lat. *stormus.*

Laquelle parolle entendue, se retournerent arriere les ennemys, et, voyans que là n'estoit que le moyne qui faisoit cest esclandre, le chargerent de coups comme on faict un asne de boys[1]; mais de tout rien ne sentoit, mesmement quand ilz frapoient sus son froc, tant il avoit la peau dure. Puis le baillerent à guarder à deux archiers, et, tournans bride, ne veirent personne contre eulx, dont existimerent que Gargantua estoit fuy avecques sa bande. Adoncques coururent vers les Noyrettes tant roiddement qu'ilz peurent pour les rencontrer, et laisserent là le moyne seul avecques deux archiers de guarde.

Gargantua entendit le bruit et hennissement des chevaulx et dict à ses gens :

"Compaignons, j'entends le trac[2] de noz ennemys, et jà apperçoy aulcuns d'iceulx qui viennent contre nous à la foulle. Serrons nous icy, et tenons le chemin en bon ranc. Par ce moyen nous les pourrons recepvoir à leur perte et à nostre honneur."

## CHAPITRE XLIV

### *Comment le moyne se deffist de ses guardes, et comment l'escarmouche de Picrochole feut deffaicte*

LE moyne, les voyant ainsi departir en desordre, conjectura qu'ilz alloient charger sus Gargantua et ses gens, et se contristoit merveilleusement de ce qu'il ne les povoit secourir. Puis advisa la contenence de ses deux archiers de guarde, lesquelz eussent voluntiers couru apres la troupe pour y butiner quelque chose et tousjours regardoient vers la vallée en laquelle ils descendoient. Dadvantaige syllogisoit, disant :

"Ces gens icy sont bien mal exercez en faictz d'armes, car oncques ne me ont demandé ma foy et ne me ont ousté mon braquemart."

Soubdain apres tyra son dict braquemart et en ferut l'archier qui le tenoit à dextre, luy coupant entierement

---

1 i.e. all over, so that nothing can be seen of him.    2 Rumble.

les venes jugulaires et arteres spagitides[1] du col, avecques
le guarguareon[2], jusques es deux adenes[3], et, retirant le
coup, luy entreouvrit le mouelle spinale entre la seconde
et tierce vertebre : là tomba l'archier tout mort. Et le
moyne, detournant son cheval à gauche, courut sus
l'aultre, lequel, voyant son compaignon mort et le moyne
adventaigé sus soy, cryoit à haulte voix :

"Ha, Monsieur le Priour, je me rendz ! Monsieur le
Priour, mon bon amy, Monsieur le Priour !"

Et le moyne cryoit de mesmes :

"Monsieur le Posteriour, mon amy, Monsieur le Posteriour, vous aurez sus voz posteres.

— Ha ! (disoit l'archier) Monsieur le Priour, mon
mignon, Monsieur le Priour, que Dieu vous face abbé !

— Par l'habit (disoit le moyne) que je porte, je vous
feray icy cardinal. Rensonnez vous les gens de religion ?
Vous aurez un chapeau rouge à ceste heure de ma main."

Et l'archier cryoit :

"Monsieur le Priour, Monsieur le Priour, Monsieur
l'Abbé futeur, Monsieur le Cardinal, Monsieur le tout !
Ha ! ha ! hés ! non, Monsieur le Priour, mon bon petit
Seigneur le Priour, je me rends à vous !

— Et je te rends (dist le moyne) à tous les diables."

Lors d'un coup luy tranchit la teste. Ainsi tomba
roidde mort en terre.

Ce faict, le moyne donne des esperons à son cheval et
poursuyt la voye que tenoient les ennemys, lesquelz
avoient rencontré Gargantua et ses compaignons au grand
chemin et tant estoient diminuez au nombre, pour l'enorme
meutre que y avoit faict Gargantua avecques son grand
arbre, Gymnaste, Ponocratés, Eudemon et les aultres,
qu'ilz commençoient soy retirer à diligence, tous effrayez
et perturbez de sens et entendement comme s'ilz veissent
la propre espece et forme de mort davant leurs yeulx.

Et—comme vous voyez un asne, quand il a au cul un

1 The main arteries of the neck, now called *carotid*.          2 Uvula.
3 *Adenes* are the glands of the neck generally, but here the *amygdali* or
tonsils are intended.

œstre Junonicque ou une mouche qui le poinct, courir çà
et là sans voye ny chemin, gettant sa charge par terre,
rompant son frain et renes, sans aulcunement respirer ny
prandre repos, et ne sçayt on qui le meut, car l'on ne
veoit rien qui le touche,—ainsi fuyoient ces gens, de sens
desprouveuz, sans sçavoir cause de fuyr ; tant seulement
les poursuit une terreur panice[1] laquelle avoient conceue
en leurs ames[2].

Voyant le moyne que toute leur pensée n'estoit sinon
à guaigner au pied, descend de son cheval et monte sus
une grosse roche qui estoit sus le chemin, et avecques
son grand braquemart frappoit sus ces fuyars à grand
tour de bras, sans se faindre ny espargner.   Tant en tua
et mist par terre que son braquemart rompit en deux
pieces.   Adoncques pensa en soy mesmes que c'estoit
assez massacré et tué, et que le reste debvoit eschapper
pour en porter les nouvelles.

Pourtant saisit en son poing une hasche de ceulx qui
là gisoient mors et se retourna derechief sus la roche,
passant temps à veoir fouyr les ennemys et cullebuter
entre les corps mors, excepté que à tous faisoit laisser
leurs picques, espées, lances et hacquebutes ; et ceulx
qui portoient les pelerins liez, il les mettoit à pied et
delivroit leurs chevaulx audictz pelerins, les retenent
avecques soy l'orée de la haye, et Toucquedillon, lequel
il retint prisonnier.

## CHAPITRE XLV

*Comment le moyne amena les pelerins et les bonnes
parolles que leur dist Grandgousier*

CESTE escarmouche parachevée, se retyra Gargantua
avecques ses gens, excepté le moyne, et sus la poincte
du jour se rendirent à Grandgousier, lequel en son lict

---

1 Panic terror (*Panicus casus*, Erasm. *Ad*. III; 7, 3).   See Herod. VI, 105
and cf. 2 Kings vii, 6, 7 ; Montaigne, I, 17.

2 This is a ludicrous piece of mock-heroic describing an ass driven wild
by a gad-fly, with a reminiscence of Io persecuted by Juno.

prioit Dieu pour leur salut et victoire, et, les voyant tous saultz et entiers, les embrassa de bon amour et demanda nouvelles du moyne. Mais Gargantua luy respondit que sans doubte leurs ennemys avoient le moyne. "Ilz auront (dist Grandgousier) doncques male encontre," ce que avoit esté bien vray. Pourtant encores est le proverbe en usaige de *bailler le moyne à quelc'un*.

Adoncques commenda qu'on aprestast tres bien à desjeuner pour les refraischir. Le tout apresté, l'on appella Gargantua; mais tant luy grevoit de ce que le moyne ne comparoit aulcunement, qu'il ne vouloit ny boyre ny manger.

Tout soubdain le moyne arrive et, des la porte de la basse court, s'escria :

"Vin frays, vin frays, Gymnaste, mon amy !"

Gymnaste sortit et veit que c'estoit Frere Jean qui amenoit cinq pelerins et Toucquedillon[1] prisonnier. Dont Gargantua sortit au davant, et luy feirent le meilleur recueil que peurent, et le menerent davant Grandgousier, lequel l'interrogea de toute son adventure. Le moyne luy disoit tout, et comment on l'avoit prins, et comment il s'estoit deffaict des archiers, et la boucherie qu'il avoit faict par le chemin, et comment il avoit recouvert les pelerins et amené le capitaine Toucquedillon. Puis se mirent à bancqueter joyeusement tous ensemble.

Ce pendent Grandgousier interrogeoit les pelerins de quel pays ilz estoient, dont il venoient et où ilz alloient.

Lasdaller pour tous respondit :

"Seigneur, je suis de Sainct Genou en Berry; cestuy cy est de Paluau; cestuy cy est de Onzay; cestuy cy est de Argy; et cestuy cy est de Villebrenin[2]. Nous venons de Sainct Sebastian pres de Nantes, et nous en retournons par noz petites journées.

— Voyre, mais (dist Grandgousier) qu'alliez vous faire à Sainct Sebastian ?

---

1 Scott is indebted to this passage for the idea of the Clerk of Copman-hurst bringing Isaac of York out of the dungeon of Torquilstone in *Ivanhoe* (chap. 32).        2 These places are all in Berry.

— Nous allions (dist Lasdaller) luy offrir noz votes contre la peste.

— O (dist Grandgousier) pauvres gens, estimez vous que la peste vienne de sainct Sebastian?

— Ouy vrayement (respondit Lasdaller), noz prescheurs nous l'afferment.

— Ouy? (dist Grandgousier) les faulx prophetes vous annoncent ilz telz abuz? Blasphement ilz en ceste façon les justes et sainctz de Dieu qu'ilz les font semblables aux diables, qui ne font que mal entre les humains, comme Homere escript que la peste fut mise en l'oust des Gregoys par Apollo, et comme les poëtes faignent un grand tas de Vejoves et dieux malfaisans[1]? Ainsi preschoit à Sinays un caphart[2] que sainct Antoine mettoit le feu es jambes, sainct Eutrope faisoit les hydropiques, sainct Gildas les folz, sainct Genou les gouttes[3]. Mais je le puniz en tel exemple, quoy qu'il me appellast heretique, que depuis ce temps caphart quiconques n'est auzé entrer en mes terres, et m'esbahys si vostre roy les laisse prescher par son royaulme telz scandales, car plus sont à punir que ceulx qui, par art magicque ou aultre engin, auroient mis la peste par le pays. La peste ne tue que le corps, mais telz imposteurs empoisonnent les ames."

Luy disans ces parolles, entra le moyne tout deliberé, et leurs demanda:

"Dont este vous, vous aultres pauvres hayres?

— De Sainct Genou, dirent ilz."

Lors dist Grandgousier:

"Allez vous en, pauvres gens, au nom de Dieu le createur, lequel vous soit en guide perpetuelle, et dorenavant ne soyez faciles à ces otieux et inutilles voyages. Entretenez voz familles, travaillez, chascun en sa vocation,

---

1 Rabelais is referring to the first book of the *Iliad*, where Apollo sends the plague on the Greeks (48–52). The *Vejoves* are spoken of in Ovid, *Fast.* III, 445 as minor Jupiters.

2 See above, p. 2, n. 2.

3 *St Antony's fire* is erysipelas. *Sanctus Eutropius facit hydropicos.* St Gildas from Gilles, the common name for a half-witted fellow. St Genou the patron saint of the gouty, in allusion to the knee.

instruez voz enfans, et vivez comme vous enseigne le bon apostre sainct Paoul. Ce faisans, vous aurez la garde de Dieu, des anges et de sainctz avecques vous, et n'y aura peste ny mal qui vous porte nuysance."

Puis les mena Gargantua prendre leur refection en la salle ; mais les pelerins ne faisoient que souspirer, et dirent à Gargantua :

"O que heureux est le pays qui a pour seigneur un tel homme ! Nous sommes plus edifiez et instruictz en ces propos qu'il nous a tenu qu'en tous les sermons que jamais nous feurent preschez en nostre ville.

— C'est (dist Gargantua) ce que dict Platon, *lib. v. de Rep.*: que lors les republiques seroient heureuses quand les roys philosopheroient ou les philosophes regneroient."

Puis leur feist emplir leurs bezaces de vivres, leurs bouteilles de vin, et à chascun donna cheval pour soy soulager au reste du chemin, et quelques carolus[1] pour vivre.

Toucquedillon the enemy captive is also kindly treated by Grand-gousier and sent home (Chapter XLVI). The confederation of the neighbouring towns offers help to Grandgousier ; Toucquedillon is slain by order of Picrochole for running through Tyravant who called him traitor (Chapter XLVII).

## CHAPITRE XLVIII

*Comment Gargantua assaillit Picrochole dedans La Roche Clermaud, et defist l'armée dudict Picrochole*

GARGANTUA eut la charge totale de l'armée. Son pere demoura en son fort[2], et, leur donnant couraige par bonnes parolles, promist grandz dons à ceulx qui feroient quelques prouesses. Puis gaignerent le gué de Vede[3] et, par basteaulx et pons legierement faictz, passerent oultre

---

1 A silver piece coined under Charles VIII bearing a K crowned, worth 10 deniers.
2 In his castle, i.e. La Devinière.  3 The Ford of Vede on the Negron.

d'une traicte. Puis, considerant l'assiete de la ville, que estoit en lieu hault et adventageux, delibera celle nucyt sus ce qu'estoit de faire. Mais Gymnaste luy dist :

"Seigneur, telle est la nature et complexion des Françoys que ilz ne valent que à la premiere poincte. Lors il sont pires que diables, mais, s'ilz sejournent, ilz sont moins que femmes[1]. Je suis d'advis que à l'heure presente, apres que voz gens auront quelque peu respiré et repeu, faciez donner l'assault."

L'advis feut trouvé bon. Adoncques produict toute son armée en plain camp, mettant les subsides du cousté de la montée. Le moyne print avecques luy six enseignes de gens de pied et deux cens hommes d'armes, et en grande diligence traversa les marays, et gaingna au dessus le Puy jusques au grand chemin de Loudun.

Ce pendent l'assault continuoit. Les gens de Picrochole ne sçavoient si le meilleur estoit sortir hors et les recepvoir, ou bien guarder la ville sans bouger. Mais furieusement sortit avecques quelque bande d'hommes d'armes de sa maison, et là feut receu et festoyé à grandz coups de canon qui gresloient devers les coustaux, dont les Gargantuistes se retirerent au val pour mieulx donner lieu à l'artillerye. Ceulx de la ville defendoient le mieulx que povoient, mais les traictz passoient oultre par dessus sans nul ferir. Aulcuns de la bande, saulvez de l'artillerie, donnerent fierement sus nos gens, mais peu profiterent, car tous feurent repceuz entre les ordres, et là ruez par terre. Ce que voyans, se vouloient retirer ; mais ce pendent le moyne avoit occupé le passaige, par quoy se mirent en fuyte sans ordre ny maintien. Aulcuns vouloient leur donner la chasse, mais le moyne les retint, craignant que, suyvant les fuyans, perdissent leurs rancz et que sus ce poinct ceulx de la ville chargeassent sus eulx. Puis, attendant quelque espace et nul ne comparant à l'encontre, envoya le duc Phrontiste pour admonnester Gargantua à ce qu'il avanceast pour gaigner le

1 From Livy x, 28, 4. Prima [Gallorum] proelia plus quam virorum, postrema minus quam feminarum esse.

cousteau à la gauche, pour empescher la retraicte de Picrochole par celle porte. Ce que feist Gargantua en toute diligence, et y envoya quatre legions de la compaignie de Sebaste[1]; mais si tost ne peurent gaigner le hault qu'ilz ne rencontrassent en barbe Picrochole et ceulx qui avecques luy s'estoient espars. Lors chargerent sus roiddement, toutesfoys grandement feurent endommaigez par ceulx qui estoient sus les murs, en coupz de traict et artillerie. Quoy voyant, Gargantua en grande puissance alla les secourir et commença son artillerie à hurter sus ce quartier de murailles, tant que toute la force de la ville y feut revocquée.

Le moyne, voyant celluy cousté, lequel il tenoit assiegé, denué de gens et guardes, magnanimement tyra vers le fort et tant feist qu'il monta sus luy, et aulcuns de ses gens, pensant que plus de crainte et de frayeur donnent ceulx qui surviennent à un conflict que ceulx qui lors à leur force combattent. Toutesfoys ne feist oncques effroy jusques à ce que tous les siens eussent guaigné la muraille, excepté les deux cens hommes d'armes qu'il laissa hors pour les hazars. Puis s'escria horriblement, et les siens ensemble, et sans resistence tuerent les guardes d'icelle porte et la ouvrirent es hommes d'armes, et en toute fiereté coururent ensemble vers la porte de l'Orient[2], où estoit le desarroy, et par derriere renverserent toute leur force. Voyans les assiegez de tous coustez et les Gargantuistes avoir gaigné la ville, se rendirent au moyne à mercy. Le moyne leurs feist rendre les bastons et armes, et tous retirer et reserrer par les eglises, saisissant tous les bastons des croix et commettant gens es portes pour les gardes de yssir; puis, ouvrant celle porte orientale, sortit au secours de Gargantua.

Mais Picrochole pensoit que le secours luy venoit de la ville, et par oultrecuidance se hazarda plus que devant, jusques à ce que Gargantua s'escrya :

---

1 Cf. Act. Apostol. xxvii, 1 σπείρης Σεβαστῆς, in the Vulgate *cohortis Augustae.*

2 It should be the West Gate.

"Frere Jean, mon amy, Frere Jean, en bon heure, soyez venu."

Adoncques, congnoissant Picrochole et ses gens que tout estoit desesperé, prindrent la fuyte en tous endroictz. Gargantua les poursuyvit jusques pres Vaugaudry[1], tuant et massacrant, puis sonna la retraicte.

## CHAPITRE XLIX

*Comment Picrochole fuiant feut surprins de males fortunes,
et ce que feit Gargantua apres la bataille*

PICROCHOLE, ainsi desesperé, s'en fuyt vers l'Isle Bouchart[2], et au chemin de Riviere[3] son cheval bruncha par terre, à quoy tant feut indigné que de son espée le tua en sa chole. Puis, ne trouvant personne qui le remontast, voulut prendre un asne du moulin qui là aupres estoit ; mais les meusniers le meurtrirent tout de coups et le destrousserent de ses habillemens, et luy baillerent pour soy couvrir une meschante sequenye[4].

Ainsi s'en alla le pauvre cholericque ; puis, passant l'eau au Port Huaux[5] et racontant ses males fortunes, feut advisé par une vieille lourpidon[6] que son royaulme luy seroit rendu à la venue des cocquecigrues[7]. Depuis ne sçait on qu'il est devenu. Toutesfoys l'on m'a dict qu'il est de present pauvre gaignedenier à Lyon, cholere comme davant, et tousjours se guemente à tous estrangiers de la venue des cocquecigrues, esperant certainement, scelon la prophetie de la vieille, estre à leur venue reintegré à son royaulme.

Apres leur retraicte, Gargantua premierement recensa

1 Hardly 5 miles from La Roche Clermaud.
2 A village on an island about 10 miles higher up the Vienne from Chinon.
3 On the Vienne, about 2 miles from Chinon.    4 A canvas jacket.
5 A village on the Indre about mid-way between Azay-le-Rideau and the junction of the Indre and the Loire.
6 An old club-foot hag.
7 The cockicranes may also be ortolans, which are migratory birds.

les gens et trouva que peu d'iceulx estoient peryz en la bataille, sçavoir est quelques gens de pied de la bande du capitaine Tolmere, et Ponocrates qui avoit un coup de harquebouze en son pourpoinct. Puis les feist refraischer, chascun par sa bande, et commanda es thesauriers que ce repas leur feust defrayé et payé et que l'on ne feist oultrage quelconques en la ville, veu qu'elle estoit sienne, et apres leur repas ilz comparussent en la place davant le chasteau, et là seroient payez pour six moys ; ce que feut faict. Puis feist convenir davant soy en ladicte place tous ceulx qui là restoient de la part de Picrochole, esquelz, presens tous ses princes et capitaines, parla comme s'ensuyt :

Gargantua having ordered his troops to be paid and sent to their quarters makes a harangue on the duty of clemency and the necessity of firmness in dealing with rebels. He recompenses his captains (Chapters XLIX—LI).

## CHAPITRE LII

*Comment Gargantua feist bastir pour le moyne l'abbaye de Theleme*[1]

RESTOIT seulement le moyne à pourvoir, lequel Gargantua vouloit faire abbé de Seuillé, mais il le refusa. Il luy voulut donner l'abbaye de Bourgueil ou de Sainct Florent[2], laquelle mieulx luy duiroit, ou toutes deux s'il les prenoit à gré ; mais le moyne luy fist responce peremptoire que de moyne il ne vouloit charge ny gouvernement :

" Car comment (disoit il) pourroy je gouverner aultruy, qui moy mesmes gouverner ne sçaurois ? Si vous semble que je vous aye faict et que puisse à l'advenir faire service agreable, oultroyez moy de fonder une abbaye à mon devis."

1 The main idea in the word is the Greek θέλημα, will, pleasure.
2 These were two rich Benedictine abbeys, Bourgueil (Chapter XLVII) four leagues from Saumur, St Florent quite close to it.

La demande pleut à Gargantua, et offrit tout son pays de Theleme, jouste la riviere de Loyre, à deux lieues de la grande forest du Port Huault[1], et requist à Gargantua qu'il instituast sa religion au contraire de toutes aultres.

"Premierement doncques (dist Gargantua) il n'y fauldra jà bastir murailles au circuit, car toutes aultres abbayes sont fierement murées.

— Voyre (dist le moyne), et non sans cause : où mur y a et davant et derriere, y a force murmur, envie et conspiration mutue."

Davantaige, veu que en certains convents de ce monde est en usance que, si femme aulcune y entre (j'entends des preudes et pudicques), on nettoye la place par laquelle elles ont passé, feut ordonné que, si religieux ou religieuse y entroit par cas fortuit, on nettoiroit curieusement tous les lieulx par lesquelz auroient passé. Et parce que es religions de ce monde tout est compassé, limité et reiglé par heures, feut decreté que là ne seroit horrologe ny quadrant aulcun, mais selon les occasions et oportunitez seroient toutes les œuvres dispensées ; car (disoit Gargantua) la plus vraye perte du temps qu'il sceust estoit de compter les heures—quel bien en vient il?—et la plus grande resverie du monde estoit soy gouverner au son d'une cloche, et non au dicté de bon sens et entendement. Item, parce qu'en icelluy temps on ne mettoit en religion des femmes sinon celles que estoient borgnes, boyteuses, bossues, laydes, defaictes, folles, insensées, maleficiées et tarées, ny les hommes, sinon catarrez, mal nez, niays et empesche de maison[2].

"A propos (dist le moyne), une femme, qui n'est ny belle ny bonne, à quoy vault toille[3]?

— A mettre en religion, dist Gargantua.

— Voyre (dist le moyne), et à faire des chemises."

---

1 The Abbey of Thelema, if we follow the text, must be placed at the confluence of the Cher and the Loire near Rupuane, N.E. of Chinon. For Port Huault, see above, p. 44, n. 5.

2 A burden to their family.

3 The pronunciation of *telle* (Lat. *talis*) and *toile* (Lat. *tela*) was the same in Rabelais's time.

Feut ordonné que là ne seroient repceues sinon les belles, bien formées et bien naturées, et les beaulx, bien formez et bien naturez.

Item, parce que es conventz des femmes ne entroient les hommes sinon à l'emblée et clandestinement, feut decreté que jà ne seroient là les femmes au cas que n'y feussent les hommes, ny les hommes en cas que n'y feussent les femmes.

Item, parce que tant hommes que femmes, une foys repceuez en religion, apres l'an de probation estoient forcez et astrinctz y demeurer perpetuellement leur vie durante, feust estably que tant hommes que femmes là repceuz sortiroient quand bon leurs sembleroit, franchement et entierement.

Item, parce que ordinairement les religieux faisoient troys veuz, sçavoir est de chasteté, pauvreté et obedience, fut constitué que là honorablement on peult estre marié, que chascun feut riche et vesquist en liberté.

Au reguard de l'eage legitime, les femmes y estoient repceues depuis dix jusques à quinze ans, les hommes depuis douze jusques à dix et huict.

The leading idea of the government of the Abbey seems to be that of self-control and consideration for others: "Be ye kindly affectioned one towards another, in honour preferring one another." The Spartan ideal suggested in Plutarch that government should be learned through obedience is hinted in the monk's refusal to have control over others. "Nul ne peut estre bon maistre qui n'a esté bon varlet," as it is quaintly put by Cordier.

The foundation insists that everything is to be ordered on principles diametrically opposed to those of existing monasteries. There are to be no walls, no rules of exclusion, save for persons professed in any of the existing religious orders, which admit weaklings and imbeciles who are encumbrances to their own families, thus offering to the service of God their own *rejectanea*. There are to be no clocks for "counting the hours." None are to be members save those of good features and good disposition. No vows are to be exacted ; men and women alike are to be admitted.

The building was simply hexagonal with turrets at the angles. One side (N.W.) was devoted to the libraries ; a storey each being devoted to books in Greek, Hebrew, Latin, French, Italian, Spanish. The S.E. side was given up to galleries adorned with pictures of ancient feats of arms and descriptions of various parts of the earth (*mappae mundi*). On these two sides were large entrances and gateways six fathoms (36 ft.) wide. Over the S.E. gateway was inscribed the poem given in Chapter LIV.

Between each of the other four pairs of towers there was within the building a winding staircase which went up to the roof and ended in a pavilion. The stairs were of coloured marble 22 ft. broad. These seem to be imitated from Francis I's staircase at Blois.

In the interior the centre was occupied by a fountain, the description of which is borrowed from the eighth chapter of the *Hypnerotomachia*, together with the account of the Graces who form part of its arrangement. The arrangement also of the rooms round the inside of the building, supported by arches on great pillars of chalcedony and porphyry, comes from the same source. The lower part of the building inside these galleries was adorned by frescoes and trophies of the chase.

Over the S.E. entrance was placed a long inscription in the verse that was fashionable—*rimes batelées* and *renforcées*—in which are warned off the hypocritical, gluttonous mendicants, prevaricating embezzling lawyers, usurers, jealous husbands and their attendant spies; while a heartfelt welcome is extended to honourable, well-born gentlemen, to sound preachers of the Gospel and to beautiful high-born ladies.

Then follow the arrangement and allotment of the various parts of the building and the outbuildings, gardens, kennels, falconry, offices &c., all in elaborate detail. There is also a complete township of artificers and tradesmen, to provide the dress, accoutrements, and necessities for the brothers and sisters. They are supplied by a fleet of ships from the W. Indies.

Chapter LVI is devoted to the apparelling of the brethren—ladies and gentlemen—in dresses that change with the season. Much of the description of dress is taken from the *Hypnerotomachia*, as well as some of the minor details.

In Chapter LVII is given the important feature, the government of the Abbey. The name "Thelema" (goodwill and pleasure) is adapted probably from the name (*Thelemia*) of the nymph who conducted Poliphilus to the palace of Queen Telosia in the *Hypnerotomachia*, and the regulation *Fays-ce que vouldras* has already been seen in the instruction of King Arthur to Gargantua in *les grandes Cronicques—faictes ce que vous vouldrez*, and in the curious definition of Queen Eleutherillida as *el libero arbitrio*.

The reasons given for these regulations are taken from most heterogeneous sources, but from books known to Rabelais: e.g. Cicero, Ovid, Seneca, Servius *ad Aen.*, the *Roman de la Rose*, and the *Hypnerotomachia*.

## CHAPITRE LIII

*Comment feust bastie et dotée l'abbaye des Thelemites*

POUR le bastiment et assortiment de l'abbaye, Gargantua feist livrer de content vingt et sept cent mille huyt cent trente et un mouton à la grand laine, et par chascun an, jusques à ce que le tout feust parfaict, assigna, sus la recepte de la Dive[1], seze cent soixante et neuf mille escuz au soleil[2], et autant à l'estoille poussiniere[3]. Pour la fondation et entretenement d'icelle donna à perpetuité vingt troys cent soixante neuf mille cinq cens quatorze nobles à la rose[4] de rente fonciere, indemnez, amortyz, et solvables par chascun an à la porte de l'abbaye, et de ce leurs passa belles lettres.

Le bastiment feut en figures exagone, en telle façon que à chascun angle estoit bastie une grosse tour ronde à la capacité de soixante pas en diametre, et estoient toutes pareilles en grosseur et protraict. La riviere de Loyre decoulloit sus l'aspect de septentrion. Au pied d'icelle estoit une des tours assise, nommée Artice, et, tirant vers l'Orient, estoit une aultre nommée Calaer, l'aultre ensuivant Anatole, l'aultre apres Mesembrine, l'aultre apres Hesperie, la derniere Cryere. Entre chascune tour estoit espace de troys cent douze pas. Le tout basty à six estages, comprenent les caves soubz terre pour un. Le second estoit voulté à la forme d'une anse de panier ; le reste estoit embrunché de guy de Flandres[5] à forme de culz de lampes[6], le dessus couvert d'ardoize

---

1 The Dive is a little marshy river rising in Poitou and falling into the Loire just below Saumur.

2 Gold pieces of Louis XI (1475). Over a crown in the device was the sun with eight rays.

3 Crowns of the Pleiades are money of Rabelais's own coinage.

4 Rose nobles were gold pieces first struck by Edward III of England ; they were worth 6*s.* 8*d.*

5 Ceiled with plaster of Flanders. *Embrunché* is from Low Latin *imbricare*, *guy* from Latin *gypsum*.

6 Pendents.

fine, avec l'endousseure de plomb à figures de petitz manequins et animaulx bien assortiz et dorez, avec les goutieres que yssoient hors la muraille, entre les croyzées, pinctes en figure diagonale de or et azur, jusques en terre, où finissoient en grands eschenaulx qui tous conduisoient en la riviere par dessoubz le logis.

Ledict bastiment estoit cent foys plus magnificque que n'est Bonivet, ne Chambourg, ne Chantilly[1]; car en ycelluy estoient neuf mille troys cens trente et deux chambres, chascune guarnie de arriere chambre, cabinet, guarde robbe, chapelle, et yssue en une grande salle. Entre chascune tour, au mylieu dudict corps de logis, estoit une viz brizée[2] dedans icelluy mesmes corps, de laquelle les marches estoient part de porphyre, part de pierre Numidicque[3], part de marbre serpentin, longues de xxij: piedz; l'espesseur estoit de troys doigtz, l'assiete par nombre de douze entre chascun repous. En chascun repous estoient deux beaulx arceaux d'antique par lesquelz estoit repceu la clarté, et par iceulx on entroit en un cabinet faict à clere voys, de largeur de ladicte viz. Et montoit jusques au dessus la couverture, et là finoit en pavillon. Par icelle viz on entroit de chascun cousté en une grande salle, et des salles es chambres.

Depuis la tour Artice jusques à Cryere estoient les belles grandes librairies, en Grec, Latin, Hebrieu, Françoys, Tuscan et Hespaignol, disparties par les divers estaiges selon iceulx langaiges.

Au mylieu estoit une merveilleuse viz, de laquelle l'entrée estoit par le dehors du logis en un arceau large de six toizes. Icelle estoit faicte en telle symmetrie et capacité que six hommes d'armes, la lance sus la cuisse,

1 Bonivet, a château near Châtelleraut in Poitou, built by Admiral Bonnivet from 1513 to 1525, when he was killed at Pavia. It was wantonly destroyed in 1788 by order of its last proprietor, Charles-Louis-Henri de Chasteigner. Chambord (Chambourg) and Chantilly were first added in the edition of 1542. The royal palace of Chambord was begun in 1526, but was not in a habitable state till about 1535, and the same may be said of the Constable de Montmorency's château of Chantilly.

2 A spiral staircase.

3 *Giallo antico*, much used in ancient Roman buildings.

povoient de front ensemble monter jusques au dessus de tout le bastiment[1].

Depuis la tour Anatole jusques à Mesembrine estoient belles grandes galleries, toutes pinctes des antiques prouesses, histoires et descriptions de la terre[2]. Au milieu estoit une pareille montée et porte comme avons dict du cousté de la riviere. Sus icelle porte estoit escript, en grosses lettres antiques, ce que s'ensuit :

Chapter LIV gives the inscription put over the great Gate of Thelema. It consists of seven stanzas of eight long and six short verses, composed with *rimes batelées* and *équivoques*. The subject of it is the exclusion of hypocrites, lawyers, usurers and jealous husbands, and the welcome to noble knights, preachers and ladies. It is interesting, as being the composition on which Rabelais's claim to be a poet by his contemporaries is based. Poems formed in similar stanzas were written by Cretin, Molinet, and Lemaire.

# CHAPITRE LV

## *Comment estoit le manoir des Thelemites*[3]

AU millieu de la basse court estoit une fontaine magnificque de bel alabastre, au dessus les troys Graces avecques cornes d'abondance, et gettoient l'eau par les mamelles, bouche, aureilles, yeulx et aultres ouvertures du corps.

Le dedans du logis sus ladicte basse court estoit sus gros pilliers de cassidoine[4] et porphyre, à beaulx ars d'antique, au dedans desquelz estoient belles gualeries, longues et amples, aornées de pinctures et cornes de cerfz, licornes, rhinoceros, hippopotames, dens de elephans et aultres choses spectables.

---

1 There was a similar staircase in the royal château of Amboise.

2 Lat. *mappa mundi*. Such maps were illuminated with gold and colours; the seas illustrated by fishes and sea-gods, monsters &c.; the *fauna* and *flora* of each country depicted, with the accounts of travellers &c. In the Vatican there is a gallery of such geographical charts.

3 Several details of this chapter are borrowed from the *Hypnerotomachia Poliphili*.     4 Chalcedony.

Le logis des dames comprenoit depuis la tour Artice jusques à la porte Mesembrine. Les hommes occupoient le reste. Devant ledict logis des dames, affin qu'elles eussent l'esbatement, entre les deux premieres tours, au dehors, estoient les lices, l'hippodrome, le theatre et natatoires, avecques les bains mirificques à triple solier[1], bien garniz de tous assortemens et foyzon d'eau de myre.

Jouxte la riviere estoit le beau jardin de plaisance ; au millieu d'icelluy le beau labirynte. Entre les deux aultres tours estoient les jeux de paulme et de grosse balle. Du cousté de la tour Cryere estoit le vergier, plein de tous arbres fructiers, toutes ordonnées en ordre quincunce[2]. Au bout estoit le grand parc, foizonnant en toute sauvagine[3].

Entre les tierces tours estoient les butes pour l'arquebuse, l'arc et l'arbaleste; les offices hors la tour Hesperie, à simple estaige; l'escurye au delà des offices; la faulconnerie au davant d'icelles, gouvernée par asturciers[4] bien expers en l'art, et estoit annuellement fournie par les Candiens, Venitiens et Sarmates de toutes sortes d'oiseaux paragons : aigles, gerfaulx, autours, sacres, laniers, faulcons, esparviers, esmerillons[5] et aultres, tant bien faictz et domesticquez que, partans du chasteau pour s'esbatre es champs, prenoient tout ce que rencontroient. La venerie estoit un peu plus loing, tyrant vers le parc.

Toutes les salles, chambres et cabinetz estoient tapissez en diverses sortes, selon les saisons de l'année. Tout le pavé estoit couvert de drap verd. Les lictz estoient de broderie. En chascune arriere chambre estoit un miroir de christallin enchassé en or fin, au tour garny de perles, et estoit de telle grandeur qu'il povoit veritablement representer toute la personne. A l'issue des salles du logis des dames, estoient les parfumeurs et testonneurs, par les mains desquelz passoient les hommes quand

---

1 Three stages, i.e. Caldarium, Tepidarium, and Frigidarium.
2 Quincuncial, i.e. like the Roman Quincunx.          3 Game.
4 Falconers, from *asturco*, a hawk.
5 Gyr-falcons, gos-hawks, sakers, lanners, falcons, sparrow-hawks, merlins.

ilz visitoient les dames. Iceulx fournissoient par chascun matin les chambres des dames d'eau rose, d'eau de naphe[1] et d'eau d'ange[2], et à chascune la precieuse cassollette, vaporante de toutes drogues aromatiques.

## CHAPITRE LVI

*Comment estoient vestuz les religieux et religieuses de Theleme*

LES dames, au commencement de la fondation, se habilloient à leur plaisir et arbitre. Depuis feurent reforméez par leur franc vouloir en la façon que s'ensuyt :

Elles portoient chausses d'escarlatte ou de migraine[3], et passoient lesdictes chausses le genoul au dessus par troys doigtz justement, et ceste liziere estoit de quelques belles broderies et descoupeures. Les jartieres estoient de la couleur de leurs bracelletz et comprenoient le genoul au dessus et dessoubz. Les souliers, escarpins et pantoufles, de velours cramoizi, rouge ou violet, deschicquettées à barbe d'escrevisse.

Au dessus de la chemise vestoient la belle vasquine[4] de quelque beau camelot de soye. Sus icelle vestoient la verdugale[5] de tafetas blanc, rouge, tanné, grys, etc., au dessus la cotte de tafetas d'argent, faict à broderies de fin or et à l'agueille entortillé, ou, selon que bon leur sembloit et correspondent à la disposition de l'air, de satin, damas, velours, orangé, tanné, verd, cendré, bleu, jaune clair, rouge, cramoyzi, blanc, drap d'or, toille d'argent, de canetille[6], de brodure, selon les festes.

Les robbes, selon la saison, de toille d'or à frizure d'argent, de satin rouge couvert de canetille d'or, de tafetas blanc, bleu, noir, tanné, sarge de soye, camelot de soye, velours, drap d'argent, toille d'argent, or traict, velours ou satin porfilé d'or en diverses protraictures.

1 Orange-flower water.

2 Mostly made from the common myrtle (H. Correvon).

3 =demi-graine, scarlet being produced by cochineal, and *migraine* by a smaller infusion of it.

4 Kirtle, Span. *basquina.*                5 Vardingale.                6 Purl.

En esté, quelques jours, en lieu de robbes portoient belles marlottes[1], des parures susdictes, ou quelques bernes[2] à la moresque, de velours violet à frizure d'or sus canetille d'argent, ou à cordelieres d'or, guarnies aux rencontres de petites perles Indicques. Et tousjours le beau panache, scelon les couleurs des manchons, et bien guarny de papillettes d'or. En hyver, robbes de tafetas des couleurs comme dessus, fourrées de loups cerviers, genettes noires, martres de Calabre, zibelines[3], et aultres fourrures precieuses.

Les patenostres, anneaulx, jazerans[4], carcans estoient de fines pierreries, escarboucles, rubys, balays[5], diamans, saphiz, esmeraudes, turquoyzes, grenatz, agathes, berilles, perles et unions[6] d'excellence.

L'acoustrement de la teste estoit selon le temps : en hyver à la mode Françoyse, au printemps à l'Espagnole, en esté à la Tusque, exceptez les festes et dimanches, esquelz portoient accoustrement Françoys, parce qu'il est plus honorable et mieulx sent la pudicité matronale.

Les hommes estoient habillez à leur mode : chausses, pour le bas, d'estamet[7] ou serge drapée, d'escarlatte, de migraine, blanc ou noir ; les hault de velours d'icelles couleurs, ou bien pres approchantes, brodées et deschic-quetées selon leur invention ; le pourpoint de drap d'or, d'argent, de velours, satin, damas, tafetas, de mesmes couleurs, deschicquettés, broudez et acoustrez en paragon[8]; les aguillettes de soye de mesmes couleurs ; les fers d'or bien esmaillez ; les sayez et chamarres[9] de drap d'or, toille d'or, drap d'argent, velours porfilé à plaisir ; les robbes autant precieuses comme des dames ; les ceinc-tures de soye, des couleurs du pourpoinct ; chascun la belle espée au cousté, la poignée dorée, le fourreau de

---

1 A sort of Spanish cloak, worn at Béarn.
2 A kind of cloak with a hood = Span. *Albornoz*.
3 Spotted lynxes, black weasels, Calabrian martens, sables.
4 Neck-chains.　　　　5 Balai rubies.　　　　6 Very large pearls.
7 Tamine, mod. "tammy," a coarse sort of canvas.
8 To perfection.
9 Mantles and cloaks. The *chamarre* was a loose thin flowing garment.

velours de la couleur des chausses, le bout d'or et de
orfevrerie; le poignart de mesmes; le bonnet de velours
noir, garny de force bagues et boutons d'or; la plume
blanche par dessus, mignonnement partie à paillettes
d'or, au bout desquelles pendoient en papillettes[1] beaulx
rubiz, esmerauldes, etc.

Mais telle sympathie estoit entre les hommes et les
femmes que par chascun jour ilz estoient vestuz de semblable parure, et, pour à ce ne faillir, estoient certains gentilz
hommes ordonnez pour dire es hommes, par chascun
matin, quelle livrée les dames vouloient en icelle journée
porter, car le tout estoit faict selon l'arbitre des dames.

En ces vestemens tant propres et accoustremens tant
riches ne pensez que eulx ny elles perdissent temps
aulcun, car les maistres des garderobbes avoient toute
la vesture tant preste par chascun matin, et les dames
de chambre tant bien estoient aprinses que en un moment
elles estoient prestes et habillez de pied en cap. Et, pour
iceulx acoustremens avoir en meilleur oportunité, au tour
du boys de Theleme estoit un grand corps de maison
long de demye lieue, bien clair et assorty, en laquelle
demouroient les orfevres, lapidaires, brodeurs, tailleurs,
tireurs d'or, veloutiers, tapissiers et aultelissiers, et là
œuvroient chascun de son mestier, et le tout pour les
susdictz religieux et religieuses. Iceulx estoient fourniz
de matiere et estoffe par les mains du seigneur Nausiclete,
lequel par chascun an leurs rendoit sept navires des isles
de Perlas et Canibales[2], chargées de lingotz d'or, de soye
crue, de perles et pierreries. Si quelques unions tendoient
à vetusté et changeoient de naïfve blancheur, icelles par
leur art renouvelloient en les donnant à manger à quelques
beaulx cocqs, comme on baille cure[3] es faulcons.

1 Sparkles.
2 The Pearl Islands, five or six in number, lie at the entrance of the Gulf
of Panama. The Cannibal or Caribbee Islands are the Antilles.
3 Castings. In the *Fabulae Aesopi* of the *Autores Octo Morales* (cf. *G.* 14),
the Cock finding a jewel on a dung-hill remarks as follows :
Si tibi nunc esset qui debuit esse repertor,
Quem limus sepelit viveret arte nitor.

## CHAPITRE LVII

*Comment estoient reiglez les Thelemites à leur maniere*
*de vivre*

TOUTE leur vie estoit employée non par loix, statuz ou reigles, mais selon leur vouloir et franc arbitre. Se levoient du lict quand bon leur sembloit, beuvoient, mangeoient, travailloient, dormoient quand le desir leur venoit ; nul ne les esveilloit, nul ne les parforceoit ny à boyre, ny à manger, ny à faire chose aultre quelconques. Ainsi l'avoit establi Gargantua. En leur reigle n'estoit que ceste clause :

### FAY CE QUE VOULDRAS,

parce que gens liberes, bien nez, bien instruictz, conversans en compaignies honnestes, ont par nature un instinct et aguillon qui tousjours les poulse à faictz vertueux et retire de vice, lequel ilz nommoient honneur. Iceulx, quand par vile subjection et contraincte sont deprimez et asserviz, detournent la noble affection, par laquelle à vertuz franchement tendoient, à deposer et enfraindre ce joug de servitude ; car nous entreprenons tousjours choses defendues et convoitons ce que nous est denié.

Par ceste liberté entrerent en louable emulation de faire tous ce que à un seul voyoient plaire. Si quelq'un ou quelcune disoit : "Beuvons," tous buvoient ; si disoit : "Jouons," tous jouoient ; si disoit : "Allons à l'esbat es champs," tous y alloient. Si c'estoit pour voller ou chasser, les dames, montées sus belles hacquenées avecques leurs palefroy gourrier[1], sus le poing mignonement enguantelé portoient chascune ou un esparvier, ou un laneret, ou un esmerillon ; les hommes portoient les aultres oyseaulx[2].

Tant noblement estoient apprins qu'il n'estoit entre

---

[1] Prancing.
[2] i.e. the other birds used in falconry (see above, p. 52).

eulx celluy ne celle qui ne sceust lire, escripre, chanter, jouer d'instrumens harmonieux, parler de cinq et six langaiges, et en iceulx composer tant en carme, que en oraison solue[1]. Jamais ne feurent veuz chevaliers tant preux, tant gualans, tant dextres à pied et à cheval, plus vers, mieulx remuans, mieulx manians tous bastons, que là estoient, jamais ne feurent veues dames tant propres, tant mignonnes, moins fascheuses, plus doctes à la main, à l'agueille, à tout acte muliebre honneste et libere, que là estoient.

Par ceste raison, quand le temps venu estoit que aulcun d'icelle abbaye, ou à la requeste de ses parens, ou pour aultres causes, voulust issir hors, avecques soy il emmenoit une des dames, celle laquelle l'auroit prins pour son devot, et estoient ensemble mariez ; et, si bien avoient vescu à Theleme en devotion et amytié, encores mieulx la continuoient ilz en mariaige : d'autant se entreaymoient ilz à la fin de leurs jours comme le premier de leurs nopces.

1 Lat. *carmen* and *oratio soluta.*

# PANTAGRUEL

In *Pantagruel* and *Gargantua* are several references to *Les grandes Cronicques du grand et énorme Géant Gargantua*, a rough *fabliau* or giant story known to Rabelais, and *possibly* composed by him, in imitation of the popular stories. The prologue to *Pantagruel* is almost entirely taken up with commendations of it, declaring that more copies of it have been sold in two months than will be bought of Bibles in nine years. (The translation of the Bible into French by Le Fevre d'Éstaples had been published in 1530; *Les grandes Cronicques* was published at the Lyons book-fair August 3, 1532, and the *Pantagruel* Nov. 3, 1532.) Rabelais nowhere asserts that he wrote *Les grandes Cronicques*. He strongly commends it and claims for *Pantagruel* that it is of the same stamp and still more worthy of credit.

The first chapter gives the genealogy of Pantagruel after the manner of that in St Matthew. It contains fifty-nine names of giants, like the genealogy of the kings of France by Jean Bouchet from Pharamond to Charles VIII, with the addition of Grandgousier, Gargantua and Pantagruel. Hurtaly, the fourth giant, has been identified with Og the king of Bashan, who is said in Deut. iii, 11 to be the only one of the race of the giants that remained, and is spoken of in Gen. xiv, 13 as "one that had escaped," i.e. from the waters of the flood. The account of his sitting astride of the ark and steering it with his feet is taken from the Targum, or commentary, of the pseudo-Jonathan.

## CHAPITRE II

### *De la Nativité du tresredouté Pantagruel*[1]

GARGANTUA, en son eage de quatre cens quatre-vingtz quarante et quatre ans, engendra son filz Pantagruel de sa femme, nommée Badebec, fille du roi des Amaurotes[2] en Utopie, laquelle mourut du mal d'enfant, car il estoit

---

1 The drought described in this chapter strikes the key-note of the thirst-producing qualities of Pantagruel.

2 The dimly-seen ones, from the city in More's *Utopia*.

si merveilleusement grand et si lourd qu'il ne peut venir à lumiere sans ainsi suffocquer sa mere.

Mais, pour entendre pleinement la cause et raison de son nom, qui luy fut baillé en baptesme, vous noterez qu'en icelle année feut seicheresse tant grande en tout le pays de Africque que passerent XXXVI moys, troys sepmaines, quatre jours, treze heures, et quelque peu d'advantaige sans pluye, avec chaleur de soleil si vehemente que toute la terre en estoit aride. Et ne fut au temps de Helye plus eschauffée que fut pour lors, car il n'estoit arbre sus terre qui eust ny fueille ni fleur. Les herbes estoient sans verdure, les rivieres taries, les fontaines à sec, les pauvres poissons, delaissez de leurs propres elemens, vagans et crians par la terre horriblement, les oyseaux tumbans de l'air par faulte de rosée, les loups, les regnars, cerfz, sangliers, dains, lievres, connilz, belettes, foynes, blereaux et aultres bestes l'on trouvoit par les champs mortes, la gueule baye[1].

Au regard des hommes, c'estoit la grande pitié. Vous les eussiez veuz tirans la langue comme levriers qui ont couru six heures; plusieurs se gettoyent dedans les puys; aultres se mettoyent au ventre d'une vache pour estre à l'ombre: et les appelle Homere *Alibantes*[2]. Toute la contrée estoit à l'ancre. C'estoit pitoyable cas de veoir le travail des humains pour se garentir de ceste horrificque alteration, car il avoit prou affaire de sauver l'eaue benoiste par les eglises, à ce que ne feust desconfite[3]; mais l'on y donna tel ordre, par le conseil de messieurs les cardinaulx et du Sainct Pere, que nul n'en osoit prendre que une venue[4]. Encores, quand quelcun entroit en l'eglise, vous en eussiez veu à vingtaines de pauvres alterez qui venoyent au derriere de celluy qui la distribuoit à quelcun, la gueule ouverte pour en avoir quelque goutellette, comme le maulvais Riche, affin que rien ne se perdist.

1 Their mouth agape.
2 Homer (*Od.* VI, 201) speaks of διεροί βροτοί, moist, juicy, vigorous, men. It is Eustathius, the commentator, who uses the word ἀλίβαντες, the word of opposite meaning in explanation.
3 Dried up.                    4 A lick.

O que bien heureux fut en icelle année celluy qui eut cave fresche et bien garnie !

Le philosophe raconte, en mouvent la question parquoy c'est que l'eaue de la mer est salée, que, au temps que Phebus bailla le gouvernement de son chariot lucificque à son fils Phaeton, ledict Phaeton, mal apprins en l'art et ne sçavant ensuyvre la line ecliptique entre les deux tropiques de la sphere du soleil, varia de son chemin, et tant approcha de terre qu'il mist à sec toutes les contrées subjacentes, bruslant une grande partie du ciel que les philosophes appellent *Via lactea*, et les lifreloffres[1] nomment *Le chemin sainct Jacques*, combien que les plus huppez poetes disent estre la part ou tomba le laict de Juno lors qu'elle allaicta Hercules[2]. Adonc la terre fut tant eschaufée que il luy vint une sueur enorme, dont elle sua toute la mer, qui par ce est salée, car toute sueur est salée. Ce que vous direz estre vray si voulez taster de la vostre propre[3].

Quasi pareil cas arriva en ceste dicte année, car, un jour de vendredy que tout le monde s'estoit mis en devotion et faisoit une belle procession avecques force letanies et beaux preschans, supplians à Dieu omnipotent les vouloir regarder de son œil de clemence en tel desconfort, visiblement furent veues de terre sortir grosses goutes d'eaue, comme quand quelque personne sue copieusement. Et le pauvre peuple commença à s'esjouyr comme si ce eust esté chose à eulx proffitable, car les aulcuns disoient que de humeur il n'y en avoit goute en l'air dont en esperast avoir pluye, et que la terre supplioit au deffault. Les aultres gens savans disoyent que c'estoit

---

1 Quack philosophers. Urquhart renders by *huff-snuffs*.

2 The *via lactea* was called St James's Path by the pilgrims to St James of Comportella. Cf. Dante, *Convivio*, II, 15. *Juno's Milk*. This story is told in Paus. IX, 25, 2.

3 Plutarch assigns to Empedocles the theory that the sea is the sweat of the earth, when it was parched up by the sun, and some Pythagoreans assert that the *Milky Way* resulted from the burning up of the heavens by a star fallen from its place; this occurred at the time when Phaethon fell from his chariot. Cf. Ovid, *Met.* II, 1–366.

pluye des Antipodes, comme Senecque narre au quart livre *Quæstionum naturalium,* parlant de l'origine et source du Nil[1]; mais ils y furent trompés; car, la procession finie, alors que chascun vouloit recueillir de ceste rosée et en boire à plein godet, trouverent que ce n'etoit que saulmure[2] pire et plus salée que n'estoit l'eaue de la mer.

Et parce que en ce propre jour nasquit Pantagruel, son pere luy imposa tel nom, car *Panta* en grec vault autant à dire comme *tout,* et *Gruel* en langue Hagarene[3] vault autant comme *alteré,* voulent inferer qu'à l'heure de sa nativité le monde estoit tout alteré, et voyant en esperit de prophetie qu'il seroit quelque jour dominateur des alterez, ce que luy fut monstré à celle heure mesmes par aultre signe plus evident.

Car, alors que sa mere Badebec l'enfantoit, et que les sages-femmes attendoyent pour le recepvoir, yssirent premier soixante et huyt tregeniers[4], chascun tirant par le licol un mulet tout chargé de sel; aprés lesquels sortirent neuf dromadaires chargés de jambons et langues de bœuf fumées, sept chameaulx chargez d'anguillettes[5], puis XXV charretées de porreaulx, d'aulx, d'oignons et de cibotz, ce que espoventa bien lesdictes sages-femmes. Mais les aulcunes d'entre elles disoient: "Voici bonne provision ; aussy bien ne bevyons-nous que lachement, non en lancement[6]: cecy n'est que bon signe, ce sont aguillons de vin." Et, comme elles caquetoient de ces menus propos entre elles, voicy sorty Pantagruel, tout velu comme un ours, dont dict une d'elles en esperit propheticque : "Il est né à tout le poil ; il fera choses merveilleuses, et, s'il vit, il aura de l'eage[7]."

Chapter III is concerned with the lamentations of Gargantua

1 Seneca ascribes to Euthymenes of Marseilles the theory that the rising of the Nile was due to the Etesian winds blowing from the Atlantic Ocean on the other side of Africa.

2 Brine.  3 Arabic.  4 Carters.
5 Salted eels.  6 =landsman (Germ. for compatriot).
7 The Magi assured Astyages that the child Cyrus must needs be a king if he grew up and did not die too soon. Herod. I, 120.

for the loss of his wife, and rejoicings at the birth of his son Pantagruel. They are primitive and coarse. Two points of resemblance may be noted between Gargantua and Francis I—he did not attend his wife's funeral, like Francis in 1526, and he uses the exclamation, *Foy de gentilhomme!*

## CHAPITRE IV

### *De l'Enfance de Pantagruel*

JE trouve par les anciens historiographes et poetes que plusieurs sont nez en ce monde en façons bien estranges, qui seroient trop longues à racompter[1]: lisez le vij livre de Pline, si avés loysir. Mais vous n'en ouystes jamais d'une si merveilleuse comme fut celle de Pantagruel, car c'estoit chose difficile à croyre comment il creut en corps et en force en peu de temps; et n'estoit rien Hercules, qui, estant au berseau, tua les deux serpens, car lesdictz serpens[2] estoyent bien petitz et fragiles. Mais Pantagruel, estant encores au berseau, feist cas bien espouventables.

Je laisse icy à dire comment à chascun de ses repas il humoit le laict de quatre mille six cens vaches, et comment, pour luy faire un paeslon[3] à cuire sa bouillie, furent occupez tous les pesliers[4] de Saumur en Anjou, de Villedieu[5] en Normandie, de Bramont en Lorraine, et luy bailloit on ladicte bouillie en un grand timbre[6] qui est encores de present à Bourges prés du palays. Mais les dentz luy estoient desjà tant crues et fortifiées qu'il en rompit dudict tymbre un grand morceau, comme tresbien apparoist.

1 The seventh book of Pliny is devoted to anthropology in its regular course and also in its aberrations.

2 Cf. Plut. *Amph.* 1124–1135; Verg. *Aen.* VIII, 288.

3 =mod. poêlon (Lat. *patella*)=a skillet or small frying-pan.

4 Braziers.

5 Villedieu-les-Poëles, in the department of La Manche.

6 This was a large stone vat or basin known as *l'écuelle de pierre du géant* (A. Lefranc in *Rev. du* XVIᵉ *siècle*, IV, 162–165).

Certains jours, vers le matin, que on le vouloit faire tetter une de ses vaches (car de nourrisses il n'en eut jamais aultrement, comme dict l'hystoire), il se deffit des liens qui le tenoyent au berceau un des bras, et vous prend ladicte vache par dessoubz le jarret, et luy mangea les deux tetins et la moytié du ventre, avecques le foye et les roignons; et l'eust toute devorée, n'eust esté qu'elle cryoit horriblement comme si les loups la tenoient aux jambes, auquel cry le monde arriva, et osterent ladicte vache à Pantagruel; mais ilz ne sceurent si bien faire que le jarret ne luy en demourast comme il le tenoit, et le mangeoit tresbien comme vous feriez d'une saulcisse, et, quand on luy voulut oster l'os, il l'avalla bien tost, comme un cormaran feroit un petit poisson, et aprés commença à dire: "Bon, bon, bon," car il ne sçavoit encores bien parler, voulant donner à entendre que il avoit trouvé fort bon, et qu'il n'en failloit plus que autant. Ce que voyans, ceulx qui le servoyent le lierent à gros cables comme sont ceulx que l'on faict à Tain[1] pour le voyage du sel à Lyon, ou comme sont ceulx de la grand nauf Françoyse qui est au port de Grace en Normandie[2]. Mais quelquefoys que un grand ours que nourrissoit son pere eschappa, et luy venoit lescher le visage, car les nourrisses ne luy avoient bien à point torché les babines[3], il se deffit desdictz cables aussi facilement comme Sanson d'entre les Philistins, et vous print monsieur de l'Ours, et le mist en pieces comme un poulet, et vous en fist une bonne gorge chaulde[4] pour ce repas. Parquoy, craignant Gargantua qu'il se gastast, fist faire quatre grosses chaines de fer pour le lyer, et fist faire des arboutans[5] à son berceau bien afustez[6]. Et de ces chaisnes en avez une

1 A small town in the department of La Drôme on the left bank of the Rhone. Salt was laded on barges here and sent down the Rhone to Lyons.

2 In 1533 Francis I had constructed at Le Havre de Grâce *la Grande Françoyse*, which was said to have contained a tennis-court, a windmill, and a chapel. It foundered on leaving the harbour and could not be raised.

3 Chops.

4 A tit-bit; *gorge chaude* is a term of falconry, a piece of the quarry given to the hawk.

5 *Arc-boutants* = strong wooden girders.　　　　6 Morticed.

à la Rochelle, que l'on leve au soir entre les deux grosses
tours du havre; l'aultre est à Lyon, l'aultre à Angiers,
et la quatre fut emportée des diables pour lier Lucifer,
qui se deschainoit en ce temps là, à cause d'une colique
qui le tormentoit extraordinairement pour avoir mangé
l'ame d'un sergeant en fricassée à son desjeuner. Dont
povez bien croire ce que dict Nicolas de Lyra[1] sur le
passaige du *Psaultier* où il est escript : *Et Og regem
Basan*[2], que ledit Og, estant encores petit, estoit tant
fort et robuste qu'il le failloit lyer de chaisnes de fer en
son berceau. Et ainsi demoura coy et pacificque, car il
ne pouvoit rompre tant facilement lesdictes chaisnes,
mesmement qu'il n'avoit pas espace au berceau de donner
la secousse des bras.

Mais voicy que arriva un jour d'une grande feste, que
son pere Gargantua faisoit un beau banquet à tous les
princes de sa Court. Je croy bien que tous les officiers
de sa Court estoyent tant occupés au service du festin
que l'on ne se soucyoit du pauvre Pantagruel, et demouroit ainsi à *reculorum*[3]. Que fist-il?

Qu'il fist, mes bonnes gens? Escoutez:

Il essaya de rompre les chaisnes du berceau avecques
les bras, mais il ne peut, car elles estoyent trop fortes.
Adonc il trepigna tant des piedz qu'il rompit le bout de
son berceau, qui toutesfoys estoit d'une grosse poste de
sept empans[4] en quarré; et, ainsi qu'il eut mys les piedz
dehors, il se avalla[5] le mieulx qu'il peut, en sorte que il
touchoit les piedz en terre; et alors, avecques grande
puissance, se leva emportant son berceau sur l'eschine
ainsi lyé comme une tortue qui monte contre une
muraille, et, à le veoir, sembloit que ce feust une grande
carracque[6] de cinq cens tonneaulx qui feust debout.

En ce point entra en la salle où l'on banquetoit, et

1 A Jew who turned Franciscan (1270–1340). He wrote a commentary
on the Bible, which was in vogue till the Reformation.

2 Ps. 134, 11; 135, 20.

3 Out in the cold. The phrase comes from the University of Paris; the
proper form is *ad reculum* (Duchat).

4 Spans.          5 Slid down.          6 A carrack, or Spanish galleon.

hardiment qu'il espoventa bien l'assistance ; mais, par
autant qu'il avoit les bras lyez dedans, il ne povoit rien
prendre à manger, mais en grande peine se enclinoit
pour prendre à tout[1] la langue quelque lippée. Quoy
voyant, son pere entendit bien que l'on l'avoit laissé sans
luy bailler à repaistre, et commanda qu'il fust deslyé
desdictes chesnes, par le conseil des princes et seigneurs
assistans : ensemble aussi que les medicins de Gargantua
disoyent que, si l'on le tenoit ainsi au berseau, qu'il seroit
toute sa vie subject à la gravelle. Lors qu'il feust
deschainé, l'on le fist asseoir, et repeut fort bien, et mist
son dict berseau en plus de cinq cens mille pieces d'un
coup de poing qu'il frappa au millieu par despit, avec
protestation de jamais n'y retourner.


## CHAPITRE V[2]

### Des Faictz du noble Pantagruel en son jeune eage

AINSI croissoit Pantagruel de jour en jour et prouffitoit
à veu d'œil, dont son pere s'esjouissoit par affection
naturelle. Et luy feist faire, comme il estoit petit, une
arbaleste pour s'esbastre aprés les oysillons, qu'on appelle
de present la grande arbaleste de Chantelle, puis l'envoya
à l'eschole pour apprendre et passer son jeune eage.

De faict, vint à Poictiers pour estudier, et proffita
beaucoup, auquel lieu voyant que les escoliers estoyent
aulcunesfois de loysir, et ne sçavoient à quoy passer
temp, en eut compassion. Et un jour print d'un grand
rochier qu'on nomme Passelourdin[3] une grosse roche

---

1 *à tout = avec.*

2 This chapter gives an account of Pantagruel's visit to his relatives in
Poitou, and of his travels through France to see the Universities. It may
be taken as a general account of Rabelais's own journeyings, as we learn
from Antoine Leroy (curé of Meudon) in his *Elogia Rabelaisiana* : " Rabe-
laesus Gallicas omnes scientiarum bonorumque artium academias sub Panta-
gruelis nomine peragravit."

3 *Passe Lourdin,* a rock some distance from Poitiers, where the University students made the freshmen walk over a ledge, overhanging a precipice,
to test their head.

ayant environ de douze toizes en quarré, et d'espesseur quatorze pans, et la mist sur quatre pilliers au milieu d'un champ bien à son ayse, affin que lesditz escoliers, quand ilz ne sçauroyent aultre chose faire, passassent temps à monter sur ladicte pierre, et là banqueter à force flacons, jambons et pastez, et escripre leurs noms dessus avec un cousteau, et de present l'appelle-on la Pierre levée[1]. Et en memoire de ce n'est aujourd'hui passé aulcun en la matricule de ladicte Université de Poictiers, sinon qu'il ait bu en la fontaine Caballine[2] de Croustelles[3], passé à Passelourdin et monté sur la Pierre levée.

En aprés, lisant les belles chronicques de ses ancestres, trouva que Geoffroy de Lusignam, dict *Geoffroy à la grand dent*[4], grand pere du beau cousin de la sœur aisnée de la tante du gendre de l'oncle de la bruz de sa belle-mere, estoit enterré à Maillezays, dont print un jour campos[5] pour le visiter comme homme de bien. Et, partant de Poictiers avecques aulcuns de ses compaignons, passerent par Legugé[6], visitant le noble Ardillon abbé, par Lusignan, par Sansay, par Celles, par Colonges, par Fontenay-le-Conte[7], saluant le docte Tiraqueau[8], et de là arriverent à Maillezays, où visita le sepulchre dudict Geoffroy à la grand dent, dont eut quelque peu de frayeur, voyant sa pourtraicture, car il y est en image comme d'un homme furieux tirant à demy son grand malchus[9]

1 A Druidic stone near Poitiers.

2 Nec fonte labra prolui caballino (Pers. *Prol.* l. 1).

3 A hamlet near Poitiers.

4 Geoffrey de Lusignan was the sixth son of Raymond and the fairy Melusine, and founder of the house of Lusignan in Poitou. Towards the end of the 14th century Jean d'Arras wrote the prose romance of *Melusine* (Geneva, 1478), of which *Geoffroy à la grande dent* (Lyons, 1549) was a continuation.

5 A student's term = a day's outing.

6 At *Ligugé* was a priory of which two consecutive priors were friends of Rabelais: (1) Geoffroy d'Estissac, Bishop of Maillezais, and (2) Antoine Ardillon, Abbot of Fontenay-le-Comte.

7 The itinerary is the one naturally taken from Poitiers to Maillezais.

8 André Tiraqueau, a learned jurisconsult and friend of Rabelais.

9 The name of the high-priest's servant is used for the sword that cut off his ear.

de la guaine. Et demandoit la cause de ce. Les chanoines dudict lieu luy dirent que n'estoit aultre cause sinon que

*Pictoribus atque poetis*, etc.,

c'est à dire que les painctres et poetes[1] ont liberté de paindre à leur plaisir ce qu'ilz veullent. Mais il ne se contenta de leur responce, et dist: "Il n'est ainsi painct sans cause, et me doubte que à sa mort on luy a faict quelque tord, duquel il demande vengeance à ses parens. Je m'en enquesteray plus à plein, et en feray ce que de raison[2]." Puis retourna non à Poictiers, mais voulut visiter les aultres Universitez de France, dont, passant à la Rochelle, se mist sur mer et vint à Bourdeaulx, on quel lieu ne trouva grand exercice, sinon des guabarriers[3] jouans aux luettes[4] sur la grave. De là vint à Thoulouse, où aprint fort bien à dancer et à jouer de l'espée à deux mains, comme est l'usance des escholiers de ladicte Université; mais il n'y demoura gueres quand il vit qu'ilz faisoyent brusler leurs regens tout vifz comme harans soretz[5], disant: "Ja Dieu ne plaise que ainsi je meure, car je suis de ma nature assez alteré sans me chauffer davantaige."

Puis vint à Montpellier, où il trouva fort bon vins de Mirevaulx[6] et joyeuse compagnie, et se cuida mettre à estudier en medicine; mais il considera que l'estat estoit fascheux par trop et melancholicque, et que les medicins sentoyent les clysteres comme vieulx diables. Pourtant vouloit estudier en loix; mais, voyant que là n'estoient que troys teigneux et un pelé de legistes audit lieu, s'en partit, et au chemin fist le pont du Guard[7] et l'amphi-

1 Hor. *A. P.* 9.
2 In 1232 he caused the Abbey to be burned down, and had it rebuilt in expiation for his sins (*Melusine*, cc. xviii and xxviii).
3 Bargees.                          4 A card-game.
5 Red-herrings. In 1532 Jean de Caturce, professor of laws at Toulouse, was burnt for heresy, and another professor, Jean de Boysonné, escaped by recantation.
6 A small town about 8 miles south of Montpellier, celebrated for its wine.
7 A Roman aqueduct, about 14 miles N.E. of Nîmes; it is one of the most imposing monuments left by the Romans in France.

theatre de Nimes en moins de troys heures, qui toutesfoys semble œuvre plus divin que humain; et vint en Avignon, où il ne fut trois jours qu'il ne devint amoureux.

Ce que voyant, son pedagogue, nommé Epistemon[1], l'en tira, et le mena à Valence en Daulphiné; mais il vit qu'il n'y avoit grand exercice, et que les marroufles de la ville batoyent les escholiers, dont eut despit, et, un beau dimanche que tout le monde dansoit publiquement, un escholier se voulut mettre en dance, ce que ne permirent lesditz marroufles. Quoy voyant, Pantagruel leur bailla à tous la chasse jusques au bort du Rosne, et les vouloit faire tous noyer; mais ilz se musserent contre terre comme taulpes bien demye lieue soubz le Rosne: le pertuys encores y apparoist.

Apres il s'en partit, et à troys pas et un sault vint à Angiers, où il se trouvoit fort bien, et y eust demeuré quelque espace, n'eust esté que la peste les en chassa. Ainsi vint à Bourges, où estudia bien long temps, et proffita beaucoup en la faculté des loix[2]. Et disoit aulcunesfois que les livres des loix luy sembloyent une belle robbe d'or triumphante et precieuse à merveilles, qui feust brodée de fange: "Car, disoit-il, au monde n'y a livres tant beaulx, tant aornés, tant elegans comme sont les textes des Pandectes; mais la brodure d'iceulx, c'est assavoir la Glose de Accurse[3], est tant salle, tant infame et punaise, que ce n'est que ordure et villenie."

Partant de Bourges, vint à Orleans, et là trouva force rustres d'escholiers qui luy firent grand chere à sa venue, et en peu de temps aprint avecque eulx à jouer à la paulme si bien qu'il en estoit maistre, car les estudians du dict lieu en font bel exercice, et le menoyent aulcunesfoys es isles pour s'esbattre au jeu du poussavant; et au regard de se rompre fort la teste à estudier, il ne le faisoit

---

1 Epistemon is here mentioned for the first time. We learn he was a fellow-student of Rabelais (III, 34) and was present with him at the death of Guillaume du Bellay (IV, 27).

2 It is very probable that Rabelais really did study law at Bourges, perhaps even under the great Alciati.

3 Accursius (*c.* 1182—*c.* 1260) was the author of the *glossa ordinaria.*

mie, de peur que la veue luy diminuast. Mesmement
que un quidam des regens disoit souvent en ses lectures
qu'il n'y a chose tant contraire à la veue comme est la
maladie des yeulx. Et quelque jour que l'on passa
licentié en loix quelcun des escholiers de sa congnoissance,
qui de science n'en avoit gueres plus que sa portee, mais
en recompense sçavoit fort bien dancer et jouer à la
paulme, il fist le blason et divise des licentiez en ladicte
Université, disant:

> Un esteuf en la braguette,
> En la main une raquette,
> Une loy en la cornette[1],
> Une basse dance au talon,
> Vous voyez là passé Coquillon[2].

In the sixth chapter Pantagruel is at Orléans, where he meets the
pedant scholar from Limoges who latinizes his French. Pantagruel
seizes him by the throat and makes him use his native Limousin
jargon, citing Augustus from Gellius that the good manners of the
ancients should be followed, but the speech of contemporaries
should be employed.

The seventh chapter brings Pantagruel to Paris and gives a
catalogue of books in the Library of St Victor. They consist of
pious books with their titles distorted (e.g. a Rosary wound round
the fingers is called "The Thumbscrews of Devotion"). A list as
long as the original is added in the last two editions, mostly bearing
on the Lutheran revolt, as seen in the *Epistolae Obscurorum
Virorum.*

## CHAPITRE VIII

*Comment Pantagruel, estant à Paris, receut letres de son
pere Gargantua, et la copie d'icelles*

PANTAGRUEL estudioit fort bien, comme assez entendez,
et proufitoit de mesmes, car il avoit l'entendement à
double rebras[3] et capacité de memoire à la mesure de
douze oyres[4] et botes[5] d'olif. Et comme il estoit ainsi là

---

1 Tippet.                                    2 With a graduate's hood.
3 Of a double capacity.   *Rebras* = the part of a sleeve or garment that is
turned back.
4 Outres.                          5 Butts.

demourant, receut un jour lettres de son pere en la maniere que s'ensuit:

Treschier filz,

Entre les dons, graces et prerogatives desquelles le souvrain plasmateur, Dieu tout puissant, a endouayré et aorné l'humaine nature à son commencement, celle me semble singuliere et excellente par laquelle elle peut en estat mortel acquerir espece de immortalité, et en decours de vie transitoire perpetuer son nom et sa semence. Ce que est faict par lignee yssue de nous en mariage legitime. Dont nous est aulcunement instauré ce que nous feut tollu par le peché de nos premiers parens, esquelz fut dict que, parce qu'ilz n'avoient esté obeyssans au commendement de Dieu le createur, ils mourroient, et par mort seroit reduicte à neant ceste tant magnificque plasmature[1] en laquelle avoit esté l'homme créé. Mais, par ce moyen de propagation seminale, demoure es enfans ce que estoit de perdu es parens, et es nepveux ce que deperissoit es enfans; et ainsi successifvement jusques à l'heure du jugement final, quand Jesuchrist aura rendu à Dieu le pere son royaulme pacificque hors tout dangier et contamination de peché: car alors cesseront toutes generations et corruptions, et seront les elemens hors de leurs transmutations continues, veu que la paix tant desiree sera consumée et parfaicte, et que toutes choses seront reduites à leur fin et periode.

Non doncques sans juste et equitable cause je rends graces à Dieu, mon conservateur, de ce qu'il m'a donné povoir veoir mon antiquité chanue refleurir en ta jeunesse: car, quand par le plaisir de Luy, qui tout regist et modere, mon ame laissera ceste habitation humaine, je ne me reputeray totallement mourir, ains passer d'un lieu en aultre, attendu que en toy et par toy je demeure en mon image visible en ce monde, vivant, voyant et conversant entre gens de honneur et mes amys, comme je souloys. Laquelle mienne conversation a esté, moyennant l'ayde

1 Form.

et grace divine, non sans peché, je le confesse, car nous pechons tous, et continuellement requerons à Dieu qu'il efface nos pechez, mais sans reproche.

Parquoy, ainsi comme en toy demeure l'image de mon corps, si pareillement ne reluysoient les meurs de l'ame, l'on ne te jugeroit estre garde et tresor de l'immortalité de nostre nom, et le plaisir que prendroys ce voyant seroit petit, considerant que la moindre partie de moy, qui est le corps, demoureroit, et la meilleure, qui est l'ame, et par laquelle demeure nostre nom en benediction entre les hommes, seroit degenerante et abastardie. Ce que je ne dis par defiance que je aye de ta vertu, laquelle m'a esté jà par cy devant esprouvee, mais pour plus fort te encourager à proffiter de bien en mieulx. Et ce que presentement te escriz n'est tant affin qu'en ce train vertueux tu vives que de ainsi vivre et avoir vescu tu te resjouisses, et te refraischisses en courage pareil pour l'advenir. A laquelle entreprinse parfaire et consommer, il te peut assez souvenir comment je n'ay rien espargné; mais ainsi y ay-je secouru comme si je n'eusse aultre thesor en ce monde que de te veoir une foys en ma vie absolu et parfaict tant en vertu, honesteté et preudhommie comme en tout sçavoir liberal et honeste, et tel te laisser apres ma mort comme un mirouoir representant la personne de moy ton pere, et sinon tant excellent et tel de faict comme je te souhaite, certes bien tel en desir.

Mais, encores que mon feu pere de bonne memoire Grandgousier eust adonné tout son estude à ce que je proffitasse en toute perfection et sçavoir politique, et que mon labeur et estude correspondit tresbien, voire encores oultrepassast son desir, toutesfoys, comme tu peulx bien entendre, le temps n'estoit tant idoine ne commode es lettres comme est de present, et n'avoys copie de telz precepteurs comme tu as eu. Le temps estoit encores tenebreux et sentant l'infelicité et calamité des Gothz, qui avoient mis à destruction toute bonne literature; mais, par la bonté divine, la lumiere et dignité a esté de mon eage rendue es lettres, et y voy tel amendement

que de present à difficulté serois-je receu en la premiere
classe des petitz grimaulx[1], qui en mon eage virile estoys,
non à tord, reputé le plus sçavant dudict siecle. Ce que
je ne dis par jactance vaine, encores que je le puisse
louablement faire en t'escripvant, comme tu as l'autorité
de Marc Tulle en son livre *de Vieillesse*, et la sentence
de Plutarche au Livre intitulé, *Comment on se peut
louer sans envie*, mais pour te donner affection de plus
hault tendre. Maintenant toutes disciplines sont resti-
tuées, les langues instaurées, Grecque, sans laquelle c'est
honte que une personne se die sçavant, Hebraïcque,
Caldaïcque, Latine ; les impressions tant elegantes et
correctes en usance, qui ont esté inventées de mon eage
par inspiration divine, comme à contrefil l'artillerie par
suggestion diabolicque. Tout le monde est plein de gens
savans, de precepteurs tresdoctes, de librairies tresamples,
qu'il m'est advis que ny au temps de Platon, ny de
Ciceron, ny de Papinian[2], n'estoit telle commodité d'estude
qu'on y veoit maintenant. Et ne se fauldra plus dores-
navant trouver en place ny en compaignie qui ne sera
bien expoly en l'officine de Minerve. Je voy les brigans,
les boureaulx, les avanturiers, les palefreniers de maintenant plus doctes que les docteurs et prescheurs de mon
temps. Que diray-je ? Les femmes et filles ont aspiré à
ceste louange et manne celeste de bonne doctrine.

Tant y a que, en l'eage où je suis, j'ay esté contrainct
de apprendre les lettres grecques, lesquelles je n'avois
contemnées comme Caton, mais je n'avoys eu loysir de
comprendre en mon jeune eage. Et voluntiers me delecte
à lire les *Moraulx* de Plutarche, les beaulx *Dialogues* de
Platon, les *Monumens* de Pausanias et *Antiquitez* de
Atheneus, attendant l'heure qu'il plaira à Dieu, mon
Createur, me appeller et commander yssir de ceste terre.

Parquoy, mon filz, je te admoneste que emploie ta
jeunesse à bien profiter en estudes et en vertus. Tu es à
Paris, tu as ton precepteur Epistemon, dont l'un par
vives et vocales instructions, l'aultre par louables exemples,

1 Little grammar-boys.    2 An eminent Roman jurist (140–212 A.D.).

te peut endoctriner[1]. J'entens et veulx que tu aprenes les langues parfaictement: premierement la Grecque, comme le veult Quintilian, secondement la Latine, et puis l'Hebraïcque pour les Sainctes Letres, et la Chaldaicque et Arabicque pareillement; et que tu formes ton stille quand à la Grecque, à l'imitation de Platon, quand à la Latine, à Ciceron. Qu'il n'y ait histoire que tu ne tienne en memoire presente, à quoy te aydera la cosmographie de ceulx qui en ont escript. Des ars liberaux[2], geometrie, arismeticque et musicque, je t'en donnay quelque goust quand tu estoys encores petit en l'eage de cinq à six ans; poursuys la reste, et de astronomie saiche en tous les canons; laisse moy l'astrologie divinatrice et l'art de Lullius[3] comme abuz et vanitez. Du droit civil, je veulx que tu saiche par cueur les beaulx textes et me les confere avecques philosophie.

Et, quand à la congnoissance des faictz de nature, je veulx que tu te y adonne curieusement; qu'il n'y ayt mer, riviere ny fontaine dont tu ne congnoisse les poissons, tous les oyseaulx de l'air, tous les arbres, arbustes et fructices des foretz, toutes les herbes de la terre, tous les metaulx cachez au ventre des abysmes, les pierreries de tout orient et midy: rien ne te soit incongneu.

Puis songneusement revisite les livres des medicins grecs, arabes et latins, sans contemner les thalmudistes et cabalistes, et par frequentes anatomies[4] acquiers toy parfaicte congnoissance de l'aultre monde, qui est l'homme.

Et par lesquelles heures du jour commence à visiter les Sainctes Lettres. Premierement en grec, Le Nouveau Testament et Epistres des Apostres, et puis en hebrieu le Vieulx Testament.

1 This is taken from the first sentence of Cicero, *de Officiis*.

2 The seven Liberal Arts are the *Trivium* (Grammar, Dialectic, Rhetoric) and the *Quadrivium* (Geometry, Arithmetic, Astronomy and Music).

3 Ramón Lull, a Spanish Franciscan (1235–1315), who lectured for many years at Paris. His latest work,. which contains the clearest exposition of the *Ars lulliana*, was entitled *Arbor Scientiae*. It was first printed at Barcelona in 1482, and reprinted at Lyons in 1515. (See *Hist. littéraire*, XXIX, 1–386.)

4 Dissections.

Somme, que je voy un abysme de science, car, dores-navant que tu deviens homme et te fais grand, il te fauldra yssir de ceste tranquillité et repos d'estude, et apprendre la chevalerie et les armes pour deffendre ma maison, et nos amys secourir en tout leurs affaires contre les assaulx des malfaisans.

Et veulx que de brief tu essaye combien tu as proffité, ce que tu ne pourras mieulx faire que tenent conclusions en tout sçavoir publiquement envers tous et contre tous, et hantant les gens lettrez, qui sont tant à Paris comme ailleurs.

Mais, parce que, selon le saige Salomon, sapience n'entre point en ame malivole, et science sans conscience n'est que ruine de l'ame, il te convient servir, aymer et craindre Dieu, et en luy mettre toutes tes pensees et tout ton espoir, et par foy formee de charité estre à luy adjoinct, en sorte que jamais n'en soys desamparé par peché. Aye suspectz les abus du monde. Ne metz ton cueur à vanité, car ceste vie est transitoire, mais la parolle de Dieu demeure eternellement. Soys serviable à tous tes prochains et les ayme comme toy mesmes. Revere tes precepteurs, fuis les compaignies de gens es quelz tu ne veulx point resembler, et les graces que Dieu te a donnees, icelles ne reçoipz en vain. Et, quand tu congnoistra que auras tout le sçavoir de par delà acquis, retourne vers moy, affin que je te voye et donne ma benediction devant que mourir.

Mon filz, la paix et grace de Nostre Seigneur soit avecques toy! Amen.

De Utopie, ce dix-septiesme jour du moys de mars.

Ton pere,

GARGANTUA.

Ces lettres receues et veues, Pantagruel print nouveau courage, et feut enflambé à proffiter plus que jamais ; en sorte que, le voyant estudier et proffiter, eussiez dict que tel estoit son esperit entre les livres comme est le feu parmy les brandes, tant il l'avoit infatigable et strident.

## CHAPITRE IX

### *Comment Pantagruel trouva Panurge¹, lequel il ayma toute sa vie*

UN jour Pantagruel, se pourmenant hors la ville vers l'abbaye Sainct Antoine², devisant et philosophant avecques ses gens et aulcuns escholiers, rencontra un homme beau de stature et elegant en tous lineamens du corps, mais pitoyablement navré en divers lieux, et tant mal en ordre qu'il sembloit estre eschappé és chiens, ou mieulx resembloit un cueilleur de pommes du pays du Perche³.

De tant loing que le vit Pantagruel, il dist es assistans : "Voyez vous cest homme qui vient par le chemin du pont Charanton ? Par ma foy, il n'est pauvre que par fortune, car je vous asseure que, à sa physonomie, nature l'a produict de riche et noble lignée; mais les adventures des gens curieulx le ont reduict en telle penurie et indigence." Et ainsi qu'il fut au droict d'entre eulx, il luy demanda : "Mon amy, je vous prie que un peu vueillez icy arrester et me respondre à ce que vous demanderay, et vous ne vous en repentirez point, car j'ay affection tresgrande de vous donner ayde à mon povoir en la calamité où je vous voy, car vous me faictes grand pitié. Pourtant, mon amy, dictes moy, qui estes vous, dont venez vous, où allez vous, que querez vous, et quel est vostre nom⁴ ?"

1 Panurge (πανοῦργος) is modelled on Merlin Cocai's *Cingar*, who in his turn is modelled on the Margutte of Pulci's *Morgante Maggiore*.

2 The Abbey of St Antoine was founded in 1198 and is now replaced by the hospital of the same name in the extreme east of Paris. The Court in Rabelais's time was in the Palais des Tournelles, which was taken down by Catharine de' Medici after the death of Henri II. Its site was occupied by the Place Royale, now the Place des Vosges.

3 A pastoral district N.W. of Orleans celebrated for its cider apples.

4 Here follow thirteen speeches made by Panurge in German, Unknown language, Italian, English, Basque, Lantern language, Dutch, Spanish, Old Danish, Hebrew, Greek, French patois, Latin, all amounting to the same thing, an urgent request for food. The English was probably obtained from a Scottish archer of the guard, the German from a Swiss mercenary and the Basque from some Basque lacquey. It is very probable that the

"Dea, mon amy, dist Pantagruel, ne sçavez vous parler françoys? — Si faictz tresbien, Seigneur, respondit le compaignon; Dieu mercy! c'est ma langue naturelle et maternelle, car je suis né et ay esté nourry jeune au jardin de France: c'est Touraine. — Doncques, dist Pantagruel, racomtez nous quel est vostre nom et dont vous venez, car, par foy, je vous ay jà prins en amour si grand que, si vous condescendez à mon vouloir, vous ne bougerez jamais de ma compaignie, et vous et moy ferons un nouveau pair d'amitié telle que feut entre Enee et Achates. — Seigneur, dist le compaignon, mon vray et propre nom de baptesmes est Panurge, et à present viens de Turquie, où je fuz mené prisonnier lorsqu'on alla à Metelin en la male heure[1]. Et voluntiers vous racompteroys mes fortunes, qui sont plus merveilleuses que celles de Ulysses; mais, puisqu'il vous plaist me retenir avecques vous, et je accepte voluntiers l'offre, protestant jamais ne vous laisser, et alissiez vous à tous les diables, nous aurons en aultre temps plus commode assez loysir d'en racompter, car pour ceste heure j'ay necessité bien urgente de repaistre, dentz agues, ventre vuyde, gorge seiche, appetit strident, tout y est deliberé. Si me voulez mettre en œuvre, ce sera basme de me veoir briber. Pour Dieu donnez y ordre[2]."

Lors commenda Pantagruel qu'on le menast en son logis et qu'on luy apportast force vivres; ce que fut faict, et mangea tresbien à ce soir, et s'en alla coucher en chappon, et dormit jusques au lendemain heure de disner: en sorte qu'il ne feit que troys pas et un sault du lict à table.

suggestion of the polyglot speeches was taken from the speeches in various French patois uttered by Patelin of the well-known farce in his pretended delirium, in order to swindle the draper.

1 In consequence of a Papal bull in the jubilee year 1500, a French squadron together with Genoese, Venetian, and Portuguese ships, were despatched against the Turks, but they failed miserably before Mitylene. Panurge represents himself as one of the 32 prisoners taken by the Turks.

2 The main idea of the story is that of Ulysses arriving at the Island of the Phaeacians, and Panurge's last speech is formed on the speeches of Ulysses in *Od.* XIV, 193–8 and *Od.* VII, 216–21.

This may be supplemented by the account of Panurge's appearance from Chapter XVI.

Panurge estoit de stature moyenne, ny trop grand, ny trop petit, et avoit le nez un peu aquillin, faict à manche de rasouer, et pour lors estoit de l'eage de trente et cinq ans ou environ, fin à dorer comme une dague de plomb[1], bien galand homme de sa personne, sinon qu'il estoit quelque peu paillard et subject de nature à une maladie qu'on appeloit en ce temps là

Faulte d'argent, c'est doleur non pareille[2];

toutesfoys, il avoit soixante et troys manieres d'en trouver tousjours à son besoing, dont la plus honorable et la plus commune estoit par façon de larrecin furtivement faict; malfaisant, pipeur, beuveur, bateur de pavez, ribleur, s'il en estoit à Paris,

Au demeurant le meilleur filz du monde[3],

et tousjours machinoit quelque chose contre les sergeans et contre le guet.

The rest of the book may be summarized as follows:

Chapter X is devoted to a tirade against the legal studies of the time, as being merely chicaneries and opinions of lawyers, civil and canon alike, instead of expositions and broad principles of equity.

Chapters XI—XIII are the pleadings of two noble lords before Pantagruel and his judgment thereon. They are simply a tissue of incoherence, intended to ridicule the pleadings in use at that time.

Chapter XIV is an extravagant story of Panurge, how he escaped from the Turks, who had taken him prisoner at Mitylene among thirty-two Frenchmen, who were in a papal expedition against the Turks in 1502.

Chapter XV is an absurd scheme for building walls round Paris, Chapters XVI and XVII an account of Panurge and his tricks.

1 A good-for-nothing cheat, *fin* having the double meaning of "fine" and "crafty," and the other words referring to the worthlessness of a wooden dagger.

2 A proverbial expression to be found in the refrains of many poets contemporary with Rabelais.

3 From Marot's *Epistre au Roy*, describing how he had been robbed by a rascally servant.

Chapters XVIII—XX describe the contest between Thaumast (Sir T. More) and Panurge, as Pantagruel's deputy, in arguing by signs without words.

Chapters XXI—XXII, a disgraceful adventure of Panurge.

Chapters XXIII—XXVII, the journey from Honfleur to Utopia, round the Cape of Good Hope, the discomfiture of 660 knights and the trophy set up over them.

Chapters XXVIII—XXIX, Pantagruel's defeat of the Dipsodes and the Giants.

Chapter XXX, the return to life of Epistemon and his account of the other world.

Chapter XXXI, Pantagruel enters the city of the Amaurots, and helps Panurge to find employment for Anarchus, king of the Dipsodes.

Chapter XXXII, Rabelais, under the name Alcofribas (Nasier completes the anagram François Rabelais), enters Pantagruel's mouth and finds another world there. On his return he is made Châtelain of Salmigondin. (This is given to Panurge in III, 2.)

Chapter XXXIII, Pantagruel falls sick and is healed by sixteen enormous pills.

Chapter XXXIV concludes the book with the promise of further voyages (fulfilled in the *Fourth* and *Fifth Books*), and a violent tirade against the monks and friars.

# LIVRE III

The Prologue to the *Third Book* begins with the story of Diogenes rolling his tub along the Crancium at Corinth during the siege of the city by Philip, and explaining that he did this because he would not be idle while his fellow-countrymen were all busily occupied in various methods of defence. So Rabelais says that he is similarly writing his book because he cannot take part in the defence of Paris, but wishes to encourage his fellow-countrymen. He writes, however, for honest people, not for lawyers who are bribed, or hypocritical church-people who are scenting heresies.

The *Book* begins by praising the kindly colonizing spirit of Pantagruel, who transplanted some Utopians into Dipsodia, which he had conquered, and treated them with nursing and fostering care, in contrast with the harsh government recommended by Machiavelli in his *Prince*. From this he proceeds to continue the story from the last chapters of the *Pantagruel* in praise of the good and reprobation of the bad rulers (Chapter I).

Panurge as governor of Salmigondin (an office bestowed on Rabelais (Alcofribas Nasier) in *P*. 32) runs headlong into debt, and when taken to task defends himself on principles of Prudence, Justice, Fortitude and Temperance. Pantagruel takes the opposite view, illustrating his point with the story of Albidius who burnt down his house after devouring his patrimony (Chapter II).

Panurge in continuing his defence, declines to get out of debt, which he declares is the true disposition intended by nature, which desires that all men should lend and borrow and be in debt to one another. Pantagruel contests this position and sets Panurge free from his debts (Chapters III—V).

Newly-married men are exempted from wars (Chapter VI). Panurge has a "flea in his ear" and changes his dress for a brown toga and spectacles in his bonnet (Chapters VII, VIII). He gives arguments for and against marriage (Chapter IX). Pantagruel suggests that he should take counsel from himself, and then explore his chance by Virgilian lots (Chapter X). He reprobates divination by dice proposed by Panurge (Chapter XI). Virgilian lots are tried but decide adversely—the wife will prove an unfaithful, pilfering, termagant (Chapter XII). Then divination by dreams is proposed and conditions of a spare diet before sleeping are insisted on (Chapter XIII). Panurge's dream and its interpretation are discussed, and the answers correspond with those at the previous trial (Chapter XIV). The practice of the Monks in stewing their beef on the long-lessons morning is set forth (Chapter XV). Pantagruel now advises that the Sibyl of Panzoust should be consulted. She was an old woman who lived at Les Croulay near L'Isle Bouchard and pretended to prophesy to the neighbouring peasants. She is consulted. The description of her is derived from Virgil's Sibyl. She writes an answer on eight sycomore leaves which are interpreted in the same manner as on the previous consultations (Chapters XVI—XVIII). The Council of the Dumb is now commended and the dumb Nazdecabre is introduced, making answer by signs and motions of his fingers and arms. This is decided to be adverse, as before (Chapters XIX, XX).

Next the advice of an old dying poet, Raminagrobis, is taken. Old men at point of death are declared to be prophetic, just as swans sing before their death—this is taken from Plato's *Apology* and *Phaedo*. Many instances are given and the old man when consulted gives an ambiguous answer (a *rondeau* of the poet Cretin) and begs the consultants to leave him to die in peace and not disturb him, as a number of representatives of religious orders had done, hunting for bequests for their orders.

Panurge takes up the defence of the Mendicant Orders and condemns Raminagrobis to the lowest depths of Tartarus, while Epistemon defends the poet. Panurge at first suggests a return to admonish him for his salvation and then discusses the devils' fear of bright swords, because they may suffer from being cut asunder, though they immediately coalesce (Chapters XXI—XXIII).

Panurge now asks advice from Epistemon, who advises him to resume ordinary dress, and gives him an account of many oracles, advising him not to trust them because they have lost all credit since the birth of the Saviour; he also declines to consult Saturn, as Panurge suggests (Chapter XXIV). They now consult Her Grippa (Henricus Cornelius Agrippa of Nettesheim), the necromancer, who is said to live at L'Isle Bouchart, a place on the river Vienne a few miles higher up than Chinon. He gives a list of very many methods of divination, such as Chiromancy, Geomancy, &c., &c., finally suggesting Necromancy, as the resuscitation of some dead person. Panurge in disgust reviles him, and he and Epistemon and Brother John make their escape (Chapter XXV).

Brother John is now consulted, with a litany as a preface, consisting of about 160 epithets complimentary to his virile powers. He simply replies in hearty advice to Panurge to marry at once, citing texts from the marriage and the burial services, but implying that perhaps Panurge is a weakling. This is indignantly and vigorously scouted by Panurge (Chapters XXVI, XXVII). Brother John proceeds to console him on the subject of his wife's presumed infidelity (Chapter XXVIII).

We now come to another phase : a convocation is summoned of a Theologian, a Physician, a Lawyer and a Philosopher to give opinion on the subject (Chapter XXIX). Hippothadeus the Theologian advises a judicious selection of a daughter of honest parents, who has been well brought up, and also insists on a good example set by her husband (Chapter XXX). Rondibilis, the physician, gives five means of ensuring continency, but declares that a man's honour is never safe. He insists that perfect confidence and absence of suspicion are the best safeguards, subjoining a story which he adapts from Plutarch. Carpalim adds confirmation of the necessity of avoiding suspicion and Ponocrates tells a story illustrating the curiosity of woman; Epistemon then recounts the substance of a play in which a man married to a dumb wife obtains the gift of speech for her, but afterwards repents. The chapter ends with the Doctor refusing, but afterwards accepting, a fee (Chapters XXXI— XXXIV). Trouillogan, the ephectic philosopher, is now consulted. In accordance with the tenet of suspension of judgement, he replies to Panurge's question whether he should marry or not, first with "Both" and subsequently "Neither." Gargantua now appears on the scene and takes part in the discussion; it is suggested from philosophy, scripture, and logic, that it is possible to have and not to have a wife, i.e. that a man can be a good husband and yet not be uxorious. The discussion still goes on till Panurge is utterly confused, and Gargantua withdraws, full of admiration of the new logic. Pantagruel now asks for Judge Bridlegoose, who had been sent for. It is explained that he has been put on trial himself for deciding suits by a throw of the dice. Pantagruel determines to be present at the trial (Chapters XXXV, XXXVI). Meantime Panurge is seen to be in manifest distress at the non-solution of his problem, and Pantagruel advises him to take counsel of some fool, since the wise cannot answer satisfactorily. A most amusing story is told of Seigny John, the Paris fool, who decided that a porter who had steamed his bread over the meat of a cook would pay sufficiently by ringing a silver coin on the cook's counter. Triboulet, the Court fool, is chosen to advise, and he is blazoned by Pantagruel and Panurge in antiphon (Chapters XXXVII, XXXVIII). In the trial which follows Judge Bridlegoose explains, with many citations from the Digest and Code of Justinian and from the *Corpus Juris Canonici*, his method of deciding law-suits by the lot of the dice, and the birth and growth of law-suits. Pantagruel pleads in his excuse and Epistemon tells a story illustrating the perplexity of human justice (Chapters XXXIX—XLIV). Triboulet is now brought, and when Panurge enquires of him he thumps him between the shoulders and returns the wine-bottle, which he had emptied, into his hand and fillips him on the nose with a pig's bladder, violently wagging his head. This is interpreted by Pantagruel, with many illustrations, to imply divine inspiration. The two then proceed to interpret the words and action of Triboulet for and against a happy marriage (Chapters XLV, XLVI). The returning of the empty bottle is now decided to be a reference to the oracle of the Holy Bottle, and

Gargantua's permission to travel is obtained in the next chapter, which is also devoted to a reprobation of the Canon Law which allows a son to marry without the leave of his parents, if only a priest is present (Chapters XLVII, XLVIII).

Great preparations are made for the voyage. Twelve ships are equipped with sailors and stores, especially a large quantity of hemp is provided ; this leads to a disquisition on the growing and preparation of hemp and its uses in the service of men. It is compared in many ways with a large number of plants and its good qualities are expounded. This develops indeed into a short treatise of medical botany (Chapters XLIX—LI). The last chapter is taken up with an account of *asbestos* and a general panegyric on *Pantagruelion* or hemp (Chapter LII).

## CHAPITRE II

*Comment Panurge feut faict chastellain de Salmiguondin en Dipsodie, et mangeoit son bled en herbe*

DONNANT Pantagruel ordre au gouvernement de toute Dipsodie, assigna la chastellenie[1] de Salmiguondin[2] à Panurge, valent par chascun an 6,789,106,789 royaulx[3] en deniers certains, non comprins l'incertain revenu des hanetons et cacqueroles, montant bon an mal an de 2,435,768 à 2,435,769 moutons à la grande laine. Quelques foys revenoit 1,234,554,321 seraphz[4], quand estoit bonne année de cacqueroles[5], et hanetons de requeste, mais ce n'estoit tous les ans.

Et se gouverna si bien et prudentement Monsieur le nouveau chastellain qu'en moins de quatorze jours il dilapida[6] le revenu, certain et incertain, de sa chastellenie

1 Manor. The *chastellenie* occupied the lowest rank in the hierarchy of *terres nobles* or lands which conferred nobility.

2 *Salmiguondin* (IV, 59) was a kind of stew of hashed meat made up with spices, vinegar, and other seasonings. This manor was conferred on Rabelais himself (*Alcofribas*) in *P.* 32. It is probably intended to represent Saintonge, cf. III, 49 (A. Lefranc).

3 Gold pieces, worth 20 *sols parisis*, current from Charles IV to Charles VII.

4 Egyptian gold pieces.                                    5 Periwinkles.

6                    Prius quam *dilapidat* nostras triginta minas.
                                    Terence, *Phorm.* V, 8, 4 (898).

*Dilapider* is used with an allusion to its Latin origin, spending money in stones, or, as we should say, in bricks and mortar.

pour troys ans. Non proprement dilapida, comme vous pourriez dire, en fondations de monasteres, erections de temples, bastimens de collieges et hospitaulx, ou jectant son lard aux chiens, mais despendit en mille petitz bancquetz et festins joyeulx, ouvers à tous venens, mesmement tous bons compaignons, jeunes fillettes et mignonnes gualoises.

Abastant boys, bruslant les grosses souches pour la vente des cendres, prenant argent d'avance, achaptant cher, vendent a bon marché, et mangeant son bled en herbe.

Pantagruel, adverti de l'affaire, n'en feut en soy aulcunement indigné, fasché, ne marry. Je vous ay ja dict et encores rediz que c'estoit le meilleur petit et grand bon hommet que oncques ceigneit espée. Toutes choses prenoit en bonne partie, tout acte interpretoit à bien. Jamais ne se tourmentoit, jamais ne se scandalizoit. Aussi eust-il esté bien forissu du déïficque manoir de raison, si aultrement se feust contristé ou alteré, car tous les biens que le ciel couvre, et que la terre contient en toutes ses dimensions, haulteur, profundité, longitude et latitude, ne sont dignes d'esmouvoir nos affections et troubler nos sens et espritz.

Seulement tira Panurge à part et doulcettement luy remonstra que, si ainsi vouloit vivre et n'estre aultrement mesnagier, impossible seroit, ou pour le moins bien difficile, le faire jamais riche. "Riche? respondit Panurge. Aviez-vous là fermé vostre pensée? Aviez-vous en soing pris me faire riche en ce monde? Pensez vivre joyeulx, de par li bon Dieu et li bons homs. Autre soing, autre soucy ne soit receup on sacrosainct domicile de vostre celeste cerveau. La serenité d'icelluy jamais ne soit troublée par nues quelconques de pensement passementé de meshaing et fascherie. Vous vivent joyeulx, guaillard, dehait[1], je ne seray riche que trop. Tout le monde crie: 'Mesnaige, mesnaige!' Mais tel parle de mesnaige, qui ne sçayt mie que c'est. C'est de moy que fault conseil

---

1 Merry.

prendre. Et de moy pour ceste heure prendrez advertissement que ce qu'on me impute à vice a esté imitation des
Université et Parlement de Paris, lieux esquelz consiste
la vraye source et vive idée de Pantheologie¹, de toute
justice aussi. Hæreticque qui en doubte et fermement
ne le croyt. Ilz toutesfoys en un jour mangent leur
evesque, ou revenu de l'evesché, c'est tout un, pour une
année entiere, voyre pour deux aulcunes foys. C'est au
jour qu'il y faict son entrée. Et n'y a lieu d'excuse, s'il
ne vouloit estre lapidé sur l'instant.

"A esté aussi acte des quatre vertus principales :

"De Prudence, en prenent argent d'avance. Car on
ne sçait qui mord ne qui rue. Qui sçayt si le monde
durera encores troys ans? Et ores qu'il durast dadven-
taige, est-il home tant fol qui se ausast promettre vivre
troys ans?

> Oncq' homme n'eut les Dieux tant bien à main
> Qu'asceuré feust de vivre au lendemain².

"De Justice : *commutative*, en achaptant cher, je diz à
crédit, vendant à bon marché, je diz argent comptant.
Que dict Caton en sa *Mesnagerie* sur ce propos? Il fault,
dict-il, que le perefamiles soit vendeur perpetuel³. Par ce
moyen est impossible qu'en fin riche ne devieigne, si
tousjours dure l'apothecque; *distributive*, donnant à repaistre aux bons, notez bons, et gentilz compaignons,
lesquelz Fortune avoit jecté comme Ulyxes sus le roc de
bon appetit, sans provision de mangeaille, et aux bonnes,
notez bonnes, et jeunes gualoises, notez jeunes, car, scelon
la sentence de Hippocrates, jeunesse est impatiente de
faim, mesmement si elle est vivace, alaigre, brusque,
movente, voltigeante. Lesquelles gualoises voluntiers et

---

1 The University of Paris especially cultivated the study of Theology.
Parisienses theologicae scientiae laudem, omnibus prope submotis, sibi
peculiariter arrogant. Erasm. *Mor. Enc.* c. 43.

2         Nemo tam divos habuit faventes
        Crastinum ut posset sibi polliceri.
                        Seneca, *Thyestes*, 619.

3 Patremfamilias vendacem non emacem esse oportet. (Cato, *de Agri
Cult.* c. 2, § 7.)

de bon hayt font plaisir à gens de bien, et sont Platonicques et Ciceronianes jusques là qu'elles se reputent
estre on monde nées non pour soy seulement, ains de
leurs propres personnes font part à leur patrie, part à
leurs amis;

"De Force, en abastant les gros arbres, comme un
second Milo[1], ruinant les obscures forestz, tesnieres de
loups, de sangliers, de renards, receptacles de briguans
et meurtriers, taulpinieres de assassinateurs, officines de
faulx monnoieurs, retraictes d'hæreticques, et les com-
planissant en claires guarigues[2] et belles bruieres, jouaut
des haulx boys[3], et præparant les sieges pour la nuict
du jugement;

"De Temperance, mangeant mon bled en herbe, comme
un hermite vivent de salades et racines, me emancipant
des appetitz sensuelz, et ainsi espargnant pour les estro-
piatz et souffreteux. Car, ce faisant, j'espargne les ser-
cleurs, qui guaingnent argent; les mestiviers, qui beuvent
voluntiers et sans eau; les gleneurs, esquelz fault de la
fouace; les basteurs, qui ne laissent ail, oignon ne escha-
lotte és jardins, par l'auctorité de Thestilis Virgiliane;
les meusniers, qui sont ordinairement larrons, et les
boulangiers, qui ne valent gueres mieulx. Est-ce petite
espargne? Oultre la calamité des mulotz[4], le deschet des
greniers, et la mangeaille des charrantons et mourrins[5].

— J'entend bien, dist Pantagruel: vous inferez que
gens de peu d'esprit ne sçauroient beaucoup en brief
temps despendre. Vous n'estez le premier qui ayt conceu
ceste hæresie. Neron le maintenoit, et sus tous humains
admiroit C. Caligula, son oncle, lequel en peu de jours
avoit, par invention mirificque, despendu tout l'avoir et
patrimoine que Tiberius luy avoit laissé. Mais, en lieu
de guarder et observer les loix cœnaires et sumptuaires
des Romains, la *Orchie*, la *Fannie*, la *Didie*, la *Licinie*, la

1 Milo is recorded to have met his death in trying to rend a tree-stump,
which closed upon his hands and so held him a defenceless prey for wolves.

2 Open spaces. *Guarigue* from *garricus*, *garriga* = uncultivated ground.

3 A proverbial expression for selling timber off an estate.

4 Field-mice.       5 Mites and weevils.

*Cornelie*, la *Lepidiane*, la *Antie*, et des Corinthiens, par lesquelles estoit rigoreusement à un chascun defendu plus par an despendre que portoit son annuel revenu, vous avez faict *Protervie*[1], qui estoit entre les Romains sacrifice tel que l'aigneau paschal entre les juifz. Il y convenoit tout mangeable manger, le reste jecter on feu, rien ne reserver au lendemain.

" Je le peuz de vous justement dire, comme le dist Caton de Albidius, lequel, avoir en excessive despense mangé tout ce qu'il possedoit, restant seulement une maison, y mist le feu dedans pour dire : *Consummatum est*, ainsi que depuys dist sainct Thomas d'Acquin, quand il eust la lamproye toute mangée[2]. Cela non force[3]."

## CHAPITRE XXI

### *Comment Panurge prent conseil d'ung vieil poëte françois nommé Raminagrobis*[4]

" Je ne pensoys, dist Pantagruel, jamais rencontrer homme tant obstiné à ses apprehensions comme je vous voy. Pour toutesfoys vostre doubte esclarcir, suys d'advis que mouvons toute pierre. Entendez ma conception : les cycnes, qui sont oyseaulx sacrez à Apollo, ne chantent jamais, sinon quand ilz approchent de leur mort, mesmement en Meander, fleuve de Phrygie[5] ; je le diz pource que Ælianus et Alexander Myndius[6] escrivent en avoir

1 Made the oblation of Protervie. A faulty rendering of *facere (cenam) propter viam*. The story is taken from Macrobius, *Sat.* II, 2, 4 by Erasmus (*Ad.* I, 9, 44) who follows the old reading *proterviam* for *propter viam*.

2 This is a story of St Thomas Aquinas, who, when at table with St Louis, was composing a hymn on the Sacrament, and abstractedly went on composing the hymn and at the same time eating a lamprey intended for the king. He finished both together, with the words *consummatum est*.

3 One is not obliged to believe it. Cf. Chaucer, *C. T.* " But nathelesse, passe over, is no fors."

4 A name given to a coddled old creature, whether poet or lawyer or cat.

5 This account of swans and poets is from Plato, *Phaedo*, 85 B, adapted in Cic. *Tusc.* I, § 73.

6 Aelian wrote 17 books on animals mainly borrowed from Alexander of Myndus (Sandys, *Hist. Class. Lit.* I, 329).

ailleurs veu plusieurs mourir, mais nul chanter en mourant, de mode que chant de cycne est præsaige certain de sa mort prochaine, et ne meurt que præalablement n'ayt chanté. Semblablement les poëtes, qui sont en protection de Apollo, approchans de leur mort, ordinairement deviennent prophetes, et chantent par Apolline inspiration, vaticinans des choses futures.

"J'ay d'adventaige souvent ouy dire que tout homme vieulx, decrepit et prés de sa fin, facilement divine des cas advenir. Et me souvient que Aristophanes, en quelque comedie, appelle les gens vieulx *Sibylles*,

'Ο δὲ γέρων σιβυλλιᾷ[1].

"Car, comme nous, estans sus le moule, et de loing voyans les mariniers et voyagiers dedans leurs naufz en haulte mer, seulement en silence les considerons, et bien prions pour leur prospere abourdement; mais, lors qu'ilz approchent du havre, et par parolles et par gestes les saluons et congratulons de ce que à port de saulveté sont avecques nous arrivez, aussi les anges, les heroes, les bons dæmons, selon la doctrine des Platonicques, voyans les humains prochains de mort, comme de port tres sceur et salutaire, port de repous et de tranquilité, hors les troubles et sollicitudes terrienes, les saluent, les consolent, parlent avecques eulx, et ja comment cent leurs communicquer art de divination[2].

"Je ne vous allegueray exemples antiques de Isaac, de Jacob, de Patroclus envers Hector, de Hector envers Achilles, de Polynestor envers Agamemnon et Hecuba[3], du Rhodien celebré par Posidonius, de Calanus Indian envers Alexandre le grand[4], de Orodes envers Mezen-

---

1 *Eq.* 61.

2 This passage of Plutarch, *de Genio Socratis*, c. 24, has been adapted by Dante, *Convivio*, IV, 28.

3 Eur. *Hecuba*, 1259-1281.

4 The Rhodian prophesied the deaths of six contemporaries and the order in which they actually died; Calanus when mounting the funeral-pyre replied "Propediem te videbo" to Alexander who died soon after in Babylon. These two instances and the one of Hector are given in Cic. *de Div.* I, §§ 64-5.

tius[1], et aultres; seulement vous veulx ramentevoir le
docte et preux chevallier Guillaume du Bellay, seigneur
jadis de Langey[2], lequel on mont de Tarare mourut le
10 de janvier, l'an de son aage le climatere[3], et de nostre
supputation l'an 1543, en compte romanicque[4]. Les troys
et quatre heures avant son decés il employa en parolles
viguoureuses, en sens tranquil et serain nous prædisant
ce que depuis part avons veu, part attendons advenir,
combien que pour lors nous semblassent ces propheties
aulcunement abhorrentes et estranges, par ne nous
apparoistre cause ne signe aulcun present prognostic
de ce qu'il prædisoit.

"Nous avons icy, prés la Villaumere[5], un homme et
vieulx et poëte: c'est Raminagrobis[6]. J'ay entendu qu'il
est en l'article et dernier moment de son decés. Transportez vous vers luy, et oyez son chant. Pourra estre
que de luy aurez ce que prætendez, et par luy Apollo
vostre doubte dissouldra. — Je le veulx, respondit Panurge. Allons y, Epistemon, de ce pas, de paour que
mort ne le prævieigne. Veulx tu venir, frere Jan? — Je
le veulx, respondit frere Jan, bien voluntiers, pour

1 Verg. *Aen.* x, 740.
2 Eldest brother of the Cardinal, Viceroy of Piedmont under Francis I.
He left Turin when ill to give the king some important advice, and died on
the way at Saint-Symphorien on Mount Tarare. Cf. *Mémoires de Martin
et Guillaume du Bellay*, bk IX, iv, 94. Saint-Symphorien is a few miles S.E.
of Roanne, and Tarare is a modern town about 35 miles N.W. of Lyons on
the side of the range of Tarare. This death is again spoken of in IV, 26, 27.
Du Bellay left Lyons Jan. 7 and died Jan. 9 (not 10). Cf. *R. E. R.* II,
p. 52 n. He was buried in the cathedral of Le Mans.
3 According to Gellius (XV, 7) and Sir T. Browne, *Pseud. Epid.* IV, 12,
this is the 63rd year, or some multiple of 7 or 9. The birth of Du Bellay
is placed in 1491: this does not square with either theory. But Sir T.
Browne at the end of his chapter says that Salmasius has recently stated
that each of the ancients has a different climacterical.
4 In Rome the year began, as with us, on the first of January; but in
France the year began officially and generally at Easter, till 1563; therefore
according to the French reckoning this year would be 1542.
5 A little N.E. of Chinon.
6 Raminagrobis has been plausibly identified with Cretin on account of
this poem, and the allusion to another poem of his in Chapter XIV. M. Abel
Lefranc has proposed that he represents Jean Lemaire des Belges, who is
mentioned in *Pant.* 30.

l'amour de toy, couillette, car je t'ayme du bon du foye[1]."

Sus l'heure feut par eulx chemin prins, et, arrivans au logis poëticque, trouverent le bon vieillard en agonie, avecques maintien joyeulx, face ouverte et reguard lumineux.

Panurge, le saluant, luy mist on doigt medical de la main guausche, en pur don, un anneau d'or en la palle duquel estoit un sapphyr oriental beau et ample; puys, à l'imitation de Socrates, luy offrit un beau coq blanc, lequel, incontinent posé sus son lict, la teste elevée en grande alaigresse, secoua son pennaige, puys chanta en bien hault ton. Cela faict, Panurge requist courtoisement dire et exposer son jugement sus le doubte du mariage prætendu. Le bon vieillard commenda luy estre apporté ancre, plume et papier. Le tout feut promptement livré. Adoncques escripvit ce que s'ensuyt:

> Prenez-la, ne la prenez pas.
> Si vous la prenez, c'est bien faict.
> Si ne la prenez, en effect,
> Ce sera œuvré par compas.
>
> Gualloppez, mais allez le pas.
> Recullez, entrez y de faict.
> Prenez-la, ne [la prenez pas].
>
> Jeusnez, prenez double repas,
> Defaictez ce qu'estoit refaict.
> Refaictez ce qu'estoit defaict.
> Soubhaytez-luy vie et trespas.
> Prenez-la, ne [la prenez pas[2]].

Puys leurs bailla en main et leurs dist: "Allez, enfans, en la guarde du grand Dieu des cieulx, et plus de cestuy

---

1 A variation of *de bonne foi.*

2 These lines are taken with very slight alterations from Cretin. They compose a *rondeau* at the end of a *ballade* addressed to a friend who had asked advice on the subject of marriage. Cretin lived in the reigns of Charles VIII, Louis XII, and Francis I, and died about 1525. He was much in vogue in his time, but his conceits are mostly forced puns, far-fetched allusions, and equivocal phrases (cf. III, 7, 14). Rabelais seems to have formed a juster opinion of his merits, and only quotes him in mockery. (Cf. Pasquier, *Recherches*, VII, 12.) His poems have been twice published, the second edition bearing date 1723.

affaire ne de aultre que soit ne me inquietez. J'ay ce jourd'huy, qui est le dernier de may et de moy, hors ma maison, à grande fatigue et difficulté, chassé un tas de villaines, immondes et pestilentes bestes, noires, guarres, fauves, blanches, cendrées, grivolées, les quelles laisser ne me vouloient à mon aise mourir, et par fraudulentes poinctures, gruppemens harpyiacques, importunitez freslonnicques, toutes forgées en l'officine de ne sçay quelle insatiabilité, me evocquoient du doulx pensement on quel je acquiesçois, contemplant et voyant, et ja touchant et guoustant le bien et felicité que le bon Dieu a præparé à ses fidèles et esleuz en l'aultre vie et estat de immortalité. Declinez de leur voye, ne soyez à elles semblables; plus ne me molestez, et me laissez en silence, je vous supply[1]."

## CHAPITRE XXIX

*Comment Pantagruel faict assemblée d'un theologien, d'un medicin, d'un legiste et d'un philosophe, pour la perplexité de Panurge*[2]

ARRIVEZ au palais, compterent à Pantagruel le discours de leur voyage et lui monstrerent le dicté de Raminagrobis. Pantagruel, l'avoir leu et releu, dist:

"Encores n'ay je veu response que plus me plaise. Il veult dire sommairement qu'en l'entreprinse de mariage chascun doibt estre arbitre de ses propres pensées, et de soy mesmes conseil prendre[3]. Telle a tousjours esté mon opinion, et autant vous en diz la premiere foys que

1 This is a heavy blow at the friars taking advantage of the enfeebled body and mind of a dying person, to extract from his superstitious fears bequests for their various orders. Many of the terms used seem borrowed from Agrippa, *de vanit. scient.* c. 63.

2 This convocation seems modelled on that of Macrobius in his *Saturnalia* (which, like so many others, was suggested by the *Symposium* of Plato). As in the *Saturnalia* Rabelais's party consists of a dozen.

3 It may be seen that the key-note of this and the two following books is the *liberum arbitrium*, or free judgement, which at this time occupied so much thought.

m'en parlastes. Mais vous en mocquiez tacitement, il m'en soubvient, et congnois que philautie et amour de soy vous deçoit. Faisons aultrement. Voicy quoy: tout ce que sommes et qu'avons consiste en trois choses: en l'ame, on corps, es biens. A la conservation de chascun des troys respectivement sont aujourd'huy destinées troys manieres de gens: les theologiens à l'ame, les medicins au corps, les jurisconsultes aux biens. Je suys d'advis que dimanche nous ayons icy à dipner un theologien, un medicin et un jurisconsulte. Avecques eulx ensemble nous confererons de vostre perplexité.

— Par sainct Picault[1], respondit Panurge, nous ne ferons rien qui vaille, je le voy desja bien. Et voyez comment le monde est vistempenardé[2]; nous baillons en garde nos ames aux theologiens, lesquelz pour la plupart sont hæreticques; nos corps es medicins, qui tous abhorrent les medicamens, jamais ne prenent medicine; et nos biens es advocatz, qui n'ont jamais procés ensemble[3].

— Vous parlez en courtisan, dist Pantagruel. Mais le premier poinct je nie, voyant l'occupation principale, voyre unicque et totale des bons theologiens estre emploictée par faictz, par dictz, par escriptz, à extirper les erreurs et hæresies, tant s'en fault qu'ilz en soient entachez, et planter profundement es cueurs humains la vraye et vive foy catholicque.

"Le second je loue, voyant les bons medicins donner tel ordre à la partie prophylactique et conservatrice de santé en leur endroict qu'ilz n'ont besoing de la therapeutice et curative par medicamens.

"Le tiers je concede, voyant les bons advocatz tant distraictz en leurs patrocinations et responses du droict

1 This adjuration occurs in the romance of *Jehan de Paris* (ed. Montaiglon, p. 40). It is uncertain what saint is meant.

2 Vilely abused.

3 This discourse is derived from a passage in *Il Cortegiano* (II, 66). Cf. Agrippa, *de van. scient.* cc. 82 and 96 and Scott, *The Antiquary*, c. 16: "The clergy live by our sins, the medical faculty by our diseases, and the law gentry by our misfortunes."

d'aultruy qu'ilz n'ont temps ne loisir d'entendre à leur propre.

"Pourtant, dimanche prochain, ayons pour theologien nostre pere Hippothadée[1], pour medicin notre maistre Rondibilis[2], pour legiste nostre amy Brid'oye. Encores suys je d'advis que nous entrons en la tetrade pythagoricque[3], et pour soubrequart[4] ayons nostre feal le philosophe Trouillogan, attendu mesmement que le philosophe perfaict, et tel qu'est Trouillogan, respond assertivement de tous doubtes proposez. Carpalim, donnez ordre que les ayons tous quatre dimanche prochain à dipner.

— Je croy, dist Epistemon, qu'en toute la patrie vous ne eussiez mieulx choisy. Je ne diz seulement touchant les perfections d'un chascun en son estat, les quelles sont hors tout dez de jugement, mais d'abondant en ce que Rondibilis marié est, ne l'avoit esté, Hippothadée oncques ne le feut et ne l'est, Brid'oye l'a esté et ne l'est, Trouillogan l'est et l'a esté. Je releveray Carpalim d'une peine: je iray inviter Brid'oye, si bon vous semble, lequel est de mon antique congnoissance, et au quel j'ay à parler pour le bien et advencement d'un sien honneste et docte filz, lequel estudie à Tholose soubs l'auditoire du tresdocte et vertueux Boissonné[5].

— Faictes, dist Pantagruel, comme bon vous semblera, et advisez si je peuz rien pour l'advencement du filz et dignité du seigneur Boissonné, lequel je ayme et revere comme l'un dès plus suffisans qui soit huy en son estat; je me y employray de bien bon cœur."

1 The name may be taken from *Taddeo Hippocratista*, a learned Florentine, who translated Aristotle's *Ethics* into Latin, and wrote commentaries on Hippocrates and Galen. He died in 1295. He is mentioned in Dante.

2 Rondibilis is intended for Guillaume Rondelet, physician to Henri II, whom Rabelais had known at Montpellier. Cf. III, 31.

3 The mystic Pythagorean number, four.

4 This perhaps represents ἐπιτέταρτος, *superquartus*, in Martianus Capella VII, 761.

5 Jean de Boysonné, professor at Toulouse, was persecuted in 1532, at the same time as Jean Caturce. He escaped by recanting, and by the influence of his friends. Afterwards he was a councillor of the court which Francis I established at Chambéry. He was a friend of Longueil, Dolet, and afterwards of Rabelais.

## CHAPITRE XXXIV

### *Comment les femmes ordinairement appetent choses defendues*

VRAYEMENT, dist Ponocrates, j'ay ouy compter que le pape Jan XXII, passant un jour par l'abbaye de Coingnaufond[1], feut requis par l'Abbesse et meres discretes leurs conceder un indult moyennant lequel se peussent confesser les unes es aultres, alleguantes que les femmes de religion ont quelques petites imperfections secretes, les quelles honte insupportable leurs est deceler aux homes confesseurs: plus librement, plus familierement les diroient unes aux aultres soubs le sceau de confession. "Il n'y a rien, respondit le pape, que voluntiers ne vous oultroye; mais je y voy un inconvenient, c'est que la confession doibt estre tenue secrette. Vous aultres femmes à poine la celeriez. — Tresbien, dirent elles, et plus que ne font les homes." Au jour propre, le Pere Sainct leur bailla une boyte en guarde, dedans laquelle il avoit faict mettre une petite linote, les priant doulcement qu'elles la serrassent en quelque lieu sceur et secret, leurs promettant en foy de pape oultroyer ce que portoit leur requeste si elles la guardoient secrette, ce neantmoins leurs faisant defense riguoreuse qu'elles ne eussent à l'ouvrir en façon quelconques, sus poine de censure ecclesiasticque et de excommunication eternelle. La defense ne feut si tost faicte qu'elles grisloient en leurs entendemens d'ardeur de veoir qu'estoit dedans, et leurs tardoit que le pape ne feut jà hors la porte pour y vacquer. Le Pere Sainct, avoir donné sa benediction sus elles, se retira en son logis. Il n'estoit encores trois pas

1 In the first edition (Paris, Wechel, 1546) the reading is Fonthevrault. A monastery of a new order of Benedictines was erected at Fontevrault by Robert of Arbrisel at the beginning of the 12th century and consecrated in 1119 by Callixtus II. Monks and nuns lived within one and the same enclosure under the government of an abbess. Cf. *Christian and Eccl. Rome*, Pt III, p. 119. The story is taken from *Sermones Discipuli de tempore*, 1476 (Serm. 50).

hors l'abbaye quand les bonnes dames toutes à la foulle
accoururent pour ouvrir la boyte defendue et veoir
qu'estoit dedans. Au lendemain, le pape les visita, en
intention, ce leurs sembloit, de leurs depescher l'indult;
mais, avant entrer en propous, commanda qu'on luy
apportast sa boyte. Elle luy feut apportée, mais l'oizillet
n'y estoit plus. Adoncques leurs remonstra que chose
trop difficile leurs seroit receller les confessions, veu que
n'avoient si peu de temps tenu en secret la boyte tant
recommandée.

— Monsieur nostre maistre, vous soyez le tres bien
venu. J'ay prins moult grand plaisir vous oyant, et loue
Dieu de tout. Je ne vous avois oncques puys veu que
jouastez à Monspellier avecques nos antiques amys Ant.
Saporta, Guy Bouguier, Balthasar Noyer, Tollet, Jan
Quentin, François Robinet, Jan Perdrier[1] et François
Rabelais, la morale comœdie de celluy qui avoit espousé
une femme mute. — Je y estois, dist Epistemon. Le bon
mary voulut qu'elle parlast. Elle parla par l'art du
medicin et du chirurgien, qui luy coupperent un encyli-
glotte[2] qu'elle avoit soubs la langue. La parolle recouverte,
elle parla tant et tant que son mary retourna au medicin
pour remede de la faire taire. Le medicin respondit en
son art bien avoir remedes propres pour faire parler les
femmes, n'en avoir pour les faire taire, remede unicque
estre surdité du mary contre cestuy interminable parlement de femme. Le paillard devint sourd par ne sçay
quelz charmes qu'ilz feirent. Sa femme, voyant qu'il
estoit sourd devenu, qu'elle parloit en vain, de luy n'estoit
entendue, devint enraigée. Puys, le medicin demandant
son salaire, le mary respondit qu'il estoit vrayement
sourd, et qu'il n'entendoit sa demande. Le medicin luy
jecta on dous ne sçay quelle pouldre, par vertus de la
quelle il devint fol. Adoncques le fol mary et la femme

1 Saporta was a celebrated Professor of Medicine, and Chancellor of the
University of Montpellier. Pierre Tolet was a physician of the hospital.
Jean Perdrier was a pupil of Rabelais in 1531.

2 The string of the tongue. Much of this has been reproduced by
Molière in *Le Médecin malgré lui*, A. III, Sc. 6.

enragée se raslierent ensemble, et tant bastirent les medicin et chirurgien qu'ilz les laisserent à demy mors. Je ne riz oncques tant que je feis à ce patelinage[1].

— Retournons à nos moutons, dist Panurge. Vos parolles, translatées de baragouin en françois, veulent dire que je me marie hardiment, et que ne me soucie d'estre coqu. C'est bien rentré de treufles noires[2]. Monsieur nostre maistre, je croy bien qu'au jour de mes nopces vous serez d'ailleurs empesché à vos pratiques, et que n'y pourrez comparoistre; je vous en excuse.

Ne laissez vos affaires d'ailleurs plus urgens. Je vous envoiray du rislé[3] en vostre maison, et serez tous jours nostre amy.

Puys s'approcha de luy et luy mist en main sans mot dire quatre nobles à la rose. Rondibilis les print tresbien, puis luy dist en effroy, comme indigné: "Hé, hé, hé! Monsieur, il ne failloit rien. Grand mercy toutesfoys. De meschantes gens jamais je ne prens rien. Rien jamais des gens de bien je ne refuse. Je suys tousjours à vostre commendement. — En poyant, dist Panurge. — Cela s'entend," respondit Rondibilis[4].

## CHAPITRE XXXVII[5]

*Comment Pantagruel persuade à Panurge prendre conseil de quelque fol*

PANTAGRUEL, soy retirant, aperceut par la guallerie Panurge en maintien de un resveur ravassant et dodelinant de la teste[6], et luy dist: "Vous me semblez à une

---

1 This moral comedy has some resemblance to the farce of *Pathelin*, which Rabelais so often quotes, as in the next words, *Retournons à nos moutons.*

2 Rarely well o' my word! The reading of the first edition is *picques* (spades) instead of *treufles* (clubs).  3 Gallimaufry.

4 From Merlin Cocai, *Baldus*, VI, 189 and see Mol. *Méd. malgré lui*, II, 8.

5 This chapter is adapted and developed from Tiraqueau, *Leges Connubiales*, c. XI.

6 Mumbling and nodding his head. Cf. Hom. *Od.* XVIII, 154 (νευστάζων κεφαλῇ).

souriz empegée[1]; tant plus elle s'efforce soy depestrer de la poix, tant plus elle s'en embrene. Vous semblablement efforsant issir hors les lacs de perplexité, plus que davant y demourez empestré, et n'y sçay remede fors un. Entendez: j'ay souvent ouy en proverbe vulguaire qu'un fol enseigne bien un saige. Puys que par les responses des saiges n'estez à plein satisfaict, conseillez vous à quelque fol. Pourra estre que, ce faisant, plus à vostre gré serez satisfaict et content. Par l'advis, conseil et prædiction des folz, vous sçavez quants princes, roys et republicques ont esté conservez, quantes batailles guaingnées, quantes perplexitez dissolues. Ja besoing n'est vous ramentevoir les exemples. Vous acquiescerez en cette raison. Car, comme celluy qui de prés reguarde à ses affaires privez et domesticques, qui est vigilant et attentif au gouvernement de sa maison, duquel l'esprit n'est point esguaré, qui ne pert occasion queconques de acquerir et amasser biens et richesses, qui cautement sçayt obvier es inconveniens de paovreté, vous appelez saige mondain, quoy que fat soit il en l'estimation des intelligences cælestes, ainsi fault il, pour davant icelles saige estre, je diz sage et præsage par aspiration divine, et apte à recepvoir benefice de divination, se oublier soy mesme, issir hors de soy mesmes, vuider ses sens de toute terrienne affection, purger son esprit de toute humaine sollicitude, et mettre tout en non chaloir. Ce que vulguairement est imputé à follie.

"En ceste maniere feut du vulgue imperit appelé *Fatuel*[2] le grand vaticinateur, Faunus, filz de Picus, roy des Latins. En ceste maniere voyons nous entre les jongleurs, à la distribution des rolles, le personaige du *Sot* et du *Badin* estre tous jours representé par le plus perit et parfaict joueur de leur compaignie. En ceste maniere disent les mathematiciens[3] un mesmes horoscope estre à la nativité des roys et des sotz, et donnent

---

1 Taken in pitch.
2 *Fatuel* is probably derived from *fari*. Cf. Verg. *Aen.* VII, 47.
3 Astrologers.

exemple de Æneas et Chorœbus, lequel Euphorion[1]
dict avoir esté fol, qui eurent un mesme genethliaque.
Je ne seray hors de propous si je vous raconte ce que
dict Jo. André[2] sus un canon de certain rescript papal,
addressé au maire et bourgeoys de la Rochelle, et aprés
luy Panorme[3] en ce mesmes canon, Barbatia[4] sus les
*Pandectes*, et recentement Jason[5] en ses *Conseilz*, de
Seigny Joan, fol insigne de Paris, bisayeul de Caillette[6].
Le cas est tel:

"A Paris, en la roustisserie du Petit-Chastelet, au
davant de l'ouvrouoir d'un roustisseur, un faquin mangeoit
son pain à la fumée de roust, et le trouvoit, ainsi perfumé,
grandement savoureux. Le roustisseur le laissoit faire.
En fin, quand tout le pain feut baufré[7], le roustisseur
happe le faquin au collet, et vouloit qu'il lui payast la
fumée de son roust. Le faquin disoit en rien n'avoir ses
viandes endommaigé, rien n'avoir du sien prins, en rien
ne luy estre debiteur. La fumée dont estoit question
evaporoit par dehors: ainsi comme ainsi se perdoit elle;
jamais n'avoit esté ouy que dedans Paris on eust vendu
fumée de roust en rue. Le roustisseur replicquoit que
de fumée de son roust n'estoit tenu nourrir les faquins,
et renioit, en cas qu'il ne le payast, qu'il lui housteroit
ses crochetz. Le faquin tire son tribart et se mettoit en
defense. L'altercation feut grande. Le badault peuple
de Paris accourut au debat de toutes pars.

1 A historian and poet of Chalcis in Euboea, and librarian to Antiochus
the Great in Syria.

2 Giovanni Andrea (1270–1348) was considered the greatest of the
Canonists.

3 Niccolò Tedeschi (1386–1485), Archbishop of Palermo, better known
as Panormitanus, was another great Canonist.

4 Andrea Barbazzi was born at Messina in the first half of the 15th cent.
He was Professor of Law at Bologna and Ferrara.

5 Giasone dal Maino who lectured at Pavia, except for an interval of four
years, for fifty-two years, was one of the Canonists. His most
famous pupil was Alciati, the founder of the new school of jurisprudence.

6 Caillette, who died in 1514, was a half-witted fellow about the streets
of Paris. Seigny John died about 200 years earlier. The source of the
following story is Tiraqueau, *Legg. Conn.* XI, § 4. It is also given in the
*Ciento novelle antiche* (No. 9) (*circ.* 1280).

7 Gobbled up.

"Là se trouva à propous Seigny Joan le Fol, citadin de Paris. L'ayant apperceu, le roustisseur demanda au faquin: 'Veulx-tu, sus nostre different, croire ce noble Seigny Joan? — Ouy, par le sambreguoy[1],' respondit le faquin. Adoncques Seigny Joan, avoir leur discord entendu, commenda au faquin qu'il luy tirast de son baudrier quelque piece d'argent. Le faquin lui mist en main ung tournoys Philippus[2]. Seigny Joan le print et le mist sus son espaule guausche, comme explorant s'il estoit de poys; puys le timpoit sus la paulme de sa main guausche, comme pour entendre s'il estoit de bon alloy; puys le posa sus la prunelle de son œil droict, comme pour veoir s'il estoit bien marqué.

"Tout ce feut faict en grande silence de tout le badault peuple, en ferme attente du roustisseur et desespoir du faquin. En fin, le feist sus l'ouvroir sonner par plusieurs foys. Puys, en majesté præsidentale, tenent sa marote on poing, comme si feust un sceptre, et affeublant en teste son chapperon de martres cingesses à aureilles de papier fraizé à poincts d'orgues, toussant prealablement deux ou trois bonnes foys, dist à haulte voix: 'La cour vous dict que le faquin, qui a son pain mangé à la fumée du roust, civilement a payé le roustisseur au son de son argent. Ordonne ladicte court que chascun se retire en sa chascuniere, sans despens, et pour cause.'

"Ceste sentence du fol Parisien tant a semblé equitable, voire admirable, es docteurs susdictz, qu'ilz font doubte, en cas que la matiere eust esté on Parlement dudict lieu, ou en la Rotte[3] à Rome, voire certes entre les Areopagites, decidée, si plus juridicquement eust esté par eulx sententié. Pour tant advisez si conseil voulez de un fol prendre."

---

1 Sambre = samble (semblé) = visage. So the oath is *par la face de Dieu.*

2 = a *sol tournois.*

3 The *Sacro tribunale della Rota*, composed of 12 *Uditori*, decides ecclesiastical and civil causes of the Apostolical College as well as foreign ones which are submitted to it.

## CHAPITRE XLIII

### Comment Pantagruel excuse Brid'oye sus les jugemens faitz au sort des dez

ATANT se teut Brid'oye. Trinquamelle luy commanda issir hors la chambre du parquet[1], ce que feut faict. Alors dist à Pantagruel:

"Raison veult, Prince tresauguste, non par l'obligation seulement en laquelle vous tenez par infinis bien faictz cestuy parlement et tout le marquisat de Myrelingues, mais aussi par le bon sens, discret jugement et admirable doctrine que le grand Dieu dateur de tous biens a en vous posé, que vous presentons la decision de ceste matiere tant nouvelle, tant paradoxe et extrange de Brid'oye, qui, vous present, voyant et entendent, a confessé juger au sort des dez. Si vous prions que en veueillez sententier comme vous semblera juridicque et æquitable."

A ce respondit Pantagruel:

"Messieurs, mon estat n'est en profession de decider procés, comme bien sçavez; mais, puys que vous plaist me faire tant d'honneur, en lieu de faire office de juge, je tiendray lieu de suppliant. En Brid'oye je recognois plusieurs qualitez, par les quelles me sembleroit pardon du cas advenu meriter: premierement vieillesse, secondement simplesse, es quelles deux vous entendez trop mieulx quelle facilité de pardon et excuse de mesfaict nos droictz et nos loix oultroyent. Tiercement, je recongnois un aultre cas pareillement en nos droictz deduict à la faveur de Brid'oye: c'est que ceste unicque faulte doibt estre abolie, extaincte et absorbée en la mer immense de tant d'equitables sentences, qu'il a donné par le passé, et que par quarante ans et plus on n'a en luy trouvé acte digne de reprehension, comme si en la riviere de Loyre je jectois une goutte d'eaue de mer, pour

1 *Parquet* is an enclosure, and so the Bar in a Court of Justice, sometimes used for the Court itself.

ceste unicque goutte, persone ne la sentiroit, personne ne la diroit sallée.

"Et me semble qu'il y a je ne sçay quoy de Dieu qui a faict et dispensé qu'à ces jugemens de sort toutes les precedentes sentences ayent esté trouvées bonnes en ceste vostre venerable et souveraine court, lequel, comme sçavez, veult souvent sa gloire apparoistre en l'hebetation des saiges, en la depression des puissans et en l'erection des simples et humbles. Je mettray en obmission toutes ces choses. Seulement vous priray, non par celle obligation que pretendez à ma maison, laquelle je ne recongnois, mais par l'affection syncere que de toute ancienneté avez en nous congneue, tant deçà que delà Loyre, en la mainctenue de vostre estat et dignitez, que pour ceste fois luy veueillez pardon oultroyer, et ce en deulx conditions: premierement, ayant satisfaict ou protestant satisfaire à la partie condemnée par la sentence dont est question, à cestuy article je donneray bon ordre et contentement; secondement, qu'en subside de son office vous lui bailliez quelqu'un plus jeune, docte, prudent, perit et vertueux conseiller, à l'advis duquel dorenavant fera ses procedures judiciaires.

"En cas que le voulussiez totalement de son office deposer, je vous priray bien fort me en faire un present et pur don. Je trouveray par mes royaulmes lieux assez et estatz pour l'employer et me en servir. A tant suppliray le bon Dieu createur, servateur et dateur de tous biens, en sa saincte grace perpetuellement vous maintenir."

Ces motz ditz, Pantagruel feist reverence à toute la court et sortit hors le parquet. A la porte trouva Panurge, Epistemon, Frere Jan et aultres. Là monterent à cheval pour s'en retourner vers Gargantua. Par le chemin, Pantagruel leur comptoit de poinct en poinct l'histoire du jugement de Brid'oye. Frere Jan dist qu'il avoit cogneu Perrin Dendin[1] on temps qu'il demouroit à la Fontaine-le-Conte, soubs le noble Abbé Ardillon[2]. Gym-

---

[1] See III, 41. The name is adopted by Racine for the judge in *Les Plaideurs*.

[2] See above, p. 66, n. 6.

naste dist qu'il estoit en la tente du gros Christian, chevallier de Crissé, lors que le Guascon respondit à l'adventurier. Panurge faisoit quelque difficulté de croire l'heur des jugemens par sort, mesmement par si long temps.

Epistemon dist à Pantagruel: "Histoire parallele nous compte l'on d'un prevost de Monslehery[1]. Mais que diriez vous de cestuy heur des dez continué en succés de tant d'années? Pour un ou deux jugemens ainsi donnez à l'adventure je ne me esbahirois, mesmement en matieres de soy ambigües, intrinquées, perplexes et obscures."

## CHAPITRE XLV

### *Comment Panurge se conseille à Triboullet*

Au sixiéme jour subsequent, Pantagruel feut de retour, en l'heure que par eaue de Bloys estoit arrivé Triboullet. Panurge, à sa venue, luy donna une vessie de porc bien enflée, et resonnante à cause des poys qui dedans estoient; plus une espée de boys bien dorée; plus une petite gibbessiere faicte d'une cocque de tortue; plus une bouteille clissée[2], pleine de vin breton, et un quarteron de pommes Blandureau[3].

"Comment! dist Carpalim, est il fol comme un chou, à pommes?" Triboullet ceignit l'espée et la gibbessiere, print la vessie en main, mangea part des pommes, beut tout le vin.

Panurge le reguardoit curieusement, et dist: "Encores ne veids je oncques fol, et si en ay veu pour plus de dix mille francs, qui ne beust voluntiers et à longs traictz."

Depuys luy exposa son affaire en parolles rhetoriques et eleguantes. Davant qu'il eust achevé, Triboullet lui bailla un grand coup de poing entre les deux espaules,

---

1 A small town with a castle near Paris. The case of its Provost has not been traced.      2 Cased in wicker-work.

3 These apples were white and hard. See N. du Fail, *Baliverneries*, I, p. 153.

luy rendit en main la bouteille, le nazardoit avecques la
vessie de porc, et pour toute responce luy dist, branslant
fort bien la teste: "Par Dieu, Dieu, fol enraigé, guare
moine, cornemuse de Buzançay[1]!"

Ces parolles achevées, s'esquarta de la compaignie, et
jouoit de la vessie, se delectant au melodieux son des
poys. Depuys ne feut possible tirer de luy mot queconques.
Et, le voulant Panurge d'adventaige interroger, Triboullet
tira son espée de boys et l'en voulut ferir.

"Nous en sommes bien, vrayement! dist Panurge.
Voylà belle resolution! Bien fol est il, cela ne se peult
nier; mais plus fol est celluy qui me l'amena, et je tresfol,
qui luy ay communicqué mes pensées.

— C'est, respondit Carpalim, droict visé à ma visiere.

— Sans nous esmouvoir, dist Pantagruel, considerons
ses gestes et ses dictz. En iceulx j'ay noté mysteres
insignes, et plus tant que je souloys ne m'esbahys de ce
que les Turcs reverent telz folz comme musaphiz[2] et
prophetes. Avez vous consideré comment sa teste s'est,
avant qu'il ouvrist la bouche pour parler, crouslée et
esbranslée? Par la doctrine des antiques philosophes,
par les ceremonies des mages et observations des jurisconsultes, povez juger que ce mouvement estoit suscité
à la venue et inspiration de l'esprit fatidicque, lequel,
brusquement entrant en debile et petite substance, comme
vous sçavez que en petite teste ne peut estre grande
cervelle contenue, l'a en telle maniere esbranslée que
disent les medicins tremblement advenir es membres du
corps humain, sçavoir est, part pour la pesanteur et
violente impetuosité du fays porté, part pour l'imbecillité
de la vertus et organe portant. Exemple manifeste est
en ceulx qui à jeun ne peuvent en main porter un grand
hanap plein de vin sans trembler des mains. Cecy jadis
nous præfiguroit la divinatrice Pythie, quand, avant
respondre par l'oracle, escroulloit son laurier domesticque.
Ainsi dict Lampridius que l'empereur Heliogabalus, pour

1 A town in Berry near Châteauroux, on the Indre.
2 Mohammedans who could repeat the Koran and the Musaph.

estre reputé divinateur, par plusieurs festes de son grand Idole, entre les retaillatz fanaticques, bransloit publicquement la teste. Ainsi declare Plaute en son *Asnerie*[1] que Saurias cheminoit branslant la teste, comme furieux et hors du sens, faisant paour à ceulx qui le rencontroient; et ailleurs[2], exposant pourquoy Charmides bransloit la teste, dict qu'il estoit en ecstase. Ainsi narre Catulle, en *Berecynthia et Athys*[3], du lieu on quel les Mænades, femmes bacchicques, prebstresses de Bacchus, forcenées, divinatrices, portantes rameaulx de lierre, bransloient les testes, comme en cas pareil faisoient les Gals escouillez, prebstres de Cybele[4], celebrans leurs offices, dont ainsi est dicte, scelon les antiques theologiens, car Κυβιστᾶν[5] signifie rouer, tortre, bransler la teste et faire le torti colli. Ainsi escript T. Live[6] que, es Bacchanales de Rome, les hommes et femmes sembloient vaticiner, à cause de certain branslement et jectigation du corps par eux contrefaicte, car la voix commune des philosophes et l'opinion du peuple estoient vaticination ne estre jamais des Cieulx donnée sans fureur et branslement du corps, tremblant et branslant non seulement lors qu'il la recevoit, mais lors aussi qu'il la manifestoit et declairoit.

"De faict, Julian[7], jurisconsulte insigne, quelques foys interrogé si le serf seroit tenu pour sain lequel en compaignie de gens fanaticques et furieux auroit conversé, et par adventure vaticiné, sans toutesfoys tel branslement de teste, respondit estre pour sain tenu. Ainsi voyons nous de præsent les præcepteurs et pædagogues esbransler les testes de leurs disciples, comme on faict un pot par les anses, par vellication et erection des aureilles, qui est, scelon la doctrine des saiges Ægyptiens[8], membre con-

---

1 Plaut. *Asin.* II, 3, 23, Quassanti capite incedit.
2 Plaut. *Trin.* V, 2, 45.
3 Ubi capita Maenades iaciunt hederigerae (*Atys*, 23).
4 Huiusmodi erant Galli matris deûm Cybeles, qui propterea Corybantes dicuntur, furibundi saltantes (Budaeus, *in Pand.* XXI, 1, 1, § 9).
5 See Serv. *ad Aen.* III, 111 and X, 220.
6 XXXIX, cc. 9–11.                    7 This is a slip for Vivian.
8 Cf. Orus Apollo, *Hieroglyph.* I, 12 B.

sacré à Memoire, affin de remettre leurs sens, lors par
adventure esguarez en pensemens estranges, et comme
effarouchez par affections abhorrentes, en bonne et phi-
losophicque discipline; ce que de soy confesse Virgile
en l'esbranslement de Apollo Cynthius[1]."

## CHAPITRE XLVII

### Comment Pantagruel et Panurge deliberent visiter
### l'Oracle de la Dive Bouteille

VOYCY bien un aultre poinct, lequel ne consyderez; est
toutesfoys le neu de la matiere. Il m'a rendu en main
la bouteille. Cela que signifie? Qu'est ce à dire? — Par
adventure, respondit Pantagruel, signifie que vostre femme
sera ivroigne. — Au rebours, dist Panurge, car elle estoit
vuide. Je vous jure l'espine de sainct Fiacre en Brye[2]
que nostre morosophe[3], l'unicque, non lunaticque, Triboullet[4], me remect à la bouteille, et je refraischiz de
nouveau mon veu premier, et jure Styx et Acheron, en
vostre præsence, lunettes au bonnet porter, ne porter
braguette à mes chausses, que sus mon entreprinse je
n'aye eu le mot de la Dive Bouteille. Je sçay homme
prudent et amy mien qui sçait le lieu, le pays et la
contrée en laquelle est son temple et oracle: il nous y
conduira seurement. Allons y ensemble. Je vous supply
ne me esconduire. Je vous seray un Achates, un Damis[5],
et compaignon en tout le voyage. Je vous ay long-temps

---

1          Cum canerem reges et proelia Cynthius aurem
           Vellit et admonuit.                    Verg. *Ecl.* VI, 3.
   2 The backbone of St Fiacre was a relic preserved in the Cathedral at
Meaux. Nicolas Sauvage in 1650 in Paris, Rue St Antoine, invented a new
kind of vehicle which he called *fiacre* after the sign of the Irish monk
St Fiacrius, the saint who healed men from the malady known as *fic*.
   3 Wise fool. The word is used by Sir T. More in his *Utopia*, c. 1.
   4 The title of *L'Unico Aretino* was given to Bernardo Accolti at the
courts of Leo X and the Duke of Urbino, from his talent as an *improvisatore*.
He is an interlocutor in Castiglione's *Cortegiano*, and is there addressed as
" Signor Unico."
   5 The close companion of Apollonius of Tyana.

congneu amateur de peregrinité et desyrant tous jours veoir et tous jours apprendre. Nous voirons choses admirables, et m'en croyez.

— Voluntiers, respondit Pantagruel; mais, avant nous mettre en ceste longue peregrination, plene de hazard, plene de dangiers evidens... — Quelz dangiers? dist Panurge, interrompant le propous. Les dangiers se refuyent de moy, quelque part que je soys, sept lieues à la ronde, comme, advenent le prince, cesse le magistrat, advenent le soleil esvanouissent les tenebres, et comme les maladies fuyoient à la venue du corps sainct Martin à Quande[1]. — A propous, dist Pantagruel, avant nous mettre en voye, de certains poincts nous fault expedier.

"Premierement, renvoyons Triboullet à Bloys," ce que feut faict à l'heure, et luy donna Pantagruel une robbe de drap frizé; "secondement, nous fault avoir l'advis et congié du Roy mon pere; plus, nous est besoing trouver quelque sibylle pour guyde et truchement."

Panurge respondit que son amy Xenomanes[2] leur suffiroit, et d'abondant deliberoit passer par le pays de Lanternoys, et là prendre quelque docte et utile Lanterne, laquelle leurs seroit pour ce voyage ce que feut la Sibylle à Æneas descendent es Champs Elisiens.

## CHAPITRE LI

### *Pourquoy est dicte Pantagruelion, et des admirables vertus d'icelle*

PAR ces manieres, exceptez la fabuleuse, car de fable jà Dieu ne plaise que usions en ceste tant veritable histoire, est dicte l'herbe *Pantagruelion*[3], car Pantagruel feut

---

1 Cande is on the Loire at its junction with the Vienne. St Martin died there.

2 =mad on foreigners and travel. Xenomanes is identified with the poet and historian Jean Bouchet (*P.* 1), whose book of poems was entitled *Opuscules du Traverseur des voies perilleuses,* a title given later to Xenomanes in III, 49 and IV, 1. Xenomanes is a traveller in More's *Utopia.*

3 The plant to which Rabelais gives this name is hemp. He has given a graphic description of it in Chapter XLIX.

d'icelle inventeur: je ne diz pas quant à la plante, mais
quant à un certain usaige, lequel plus est abhorré et hay
des larrons, plus leurs est contraire et ennemy que n'est
la teigne[1] et cuscute[2] au lin, que l'yvraye au froment, le
lierre aux murailles; que n'est le ferule[3] et le boulas[4] aux
escholiers de Navarre[5]. Car maintz d'iceux avons veu
par tel usaige finer leur vie haut et court, à l'exemple de
Phyllis[6], royne des Thraces; de Bonosus[7], empereur de
Rome; de Amate[8], femme du roy latin; de Iphis[9], Auc-
tolia[10], Lycambe[11], Arachne[12], Phaedra, Leda[13], Acheus,
roy de Lydie[14], et aultres; de ce seulement indignez que,
sans estre aultrement malades, par le Pantagruelion on
leurs oppiloit les conduictz par les quelz sortent les bons
motz et entrent les bons morseaulx, plus villainement
que ne feroit la male angine et mortelle squinanche.

Aultres avons ouy, sus l'instant que Atropos leurs
couppoit le fillet de vie, soy griefvement complaignans
et lamentans de ce que Pantagruel les tenoit à la guorge.
Mais, las! ce n'estoit mie Pantagruel; il ne feut oncques
rouart[15]: c'estoit Pantagruelion faisant office de hart et
leurs servant de cornette[16]. Et parloient improprement
et en solœcisme. Si non qu'on les excusast par figure
synecdochique, prenens l'invention pour l'inventeur,
comme on prend Cerés pour pain, Bacchus pour vin.
Je vous jure icy par les bons motz qui sont dedans ceste
bouteille là, qui refraischit dedans ce bac, que le noble

---

1 Mildew=Lat. *robigo*.         2 Dodder, a parasite that grows on flax.
3 *Ferula* (Plin. XIII, 122, Diosc. III, 81) was used by the Romans to
punish school-boys. Cf. Mart. X, 62, XIV, 8.
4 Bircht-wigs, Lat. *betulla*.
5 The largest and most fashionable of the colleges of the Paris University.
6 Ov. *Hes*. II, 141.
7 3rd century A.D. He hanged himself after being conquered by Probus.
8 Verg. *Aen*. XII, 603.          9 Ov. *Met*. XIV, 698–742.
10 Properly Autolyca or Anticleia, daughter of Autolycus and wife of
Laertes. Homer, who calls her Euryclea, represents her as dying on account
of Ulysses's long absence (*Od*. XI, 196).
11 Hor. *Epod*. VI, 13.                    12 Ov. *Met*. VI, 5–135.
13 Eur. *Helena*, 134–5.              14 Ov. *Ibis*, 299.
15 An executioner, lit. one who breaks a man on a wheel.
16 Collar.

Pantagruel ne print oncques à la guorge, si non ceulx qui sont negligens de obvier à la soif imminente.

Aultrement iest dicte Pantagruelion par similitude : car Pantagruel, naissant on monde, estoit autant grand que l'herbe dont je vous parle, et en feut prinse la mesure aisement, veu qu'il nasquit on temps de alteration, lors qu'on cuille ladicte herbe, et que le chien de Icarus[1], par les aboys qu'il faict au soleil, rend tout le monde Troglodyte, et contrainct habiter es caves et lieux subterrains.

Aultrement est dicte Pantagruelion par ses vertus et singularitez, car, comme Pantagruel a esté l'idée et exemplaire de toute joyeuse perfection, je croy que personne de vous aultres beuvers n'en doubte, aussi en Pantagruelion je recongnoys tant de vertus, tant d'energie, tant de perfection, tant d'effectz admirables, que, si elle eust este en ses qualitez congneue lors que les arbres, par la relation du Prophete, feirent election d'un roy de boys pour les regir et dominer, elle sans doubte eust emporté la pluralité des voix et suffrages. Diray je plus? Si Oxylus, filz de Orius, l'eust de sa sœur Hamadryas engendrée, plus en la seule valeur d'icelle se feust delecté qu'en tous ses huyct enfans tant celebrez par nos mythologes, qui ont leurs noms mis en memoire eternelle. La fille aisnée eut nom Vigne, le filz puysné eut nom Figuier, l'aultre Noyer, l'aultre Chesne, l'aultre Cormier[2], l'aultre Fenabregue[3], l'aultre Peuplier ; le dernier eut nom Ulmeau, et feut grand chirurgien en son temps.

Je laisse à vous dire comment le jus d'icelle, exprimé

1 Icarus was an Athenian who hospitably entertained Dionysus. The god rewarded him with the gift of wine, which he communicated to some peasants. They became drunk, and thinking Icarus had poisoned them, slew him. His daughter Erigone, finding her father's body by the help of the dog Maera, hanged herself on a tree near (Serv. *ad Georg.* III, 389). Icarus was made a constellation as *Boötes*, Erigone as *Virgo*, and Maera as *Canis minor*.                                    2 Cornel-tree

3 The name in Languedoc for the *Celtis australis* (S. Europe and N. Africa). The wood is very tough and flexible and is used for making wooden forks. It belongs to the family of *Urticaceae*. There are several specimens in the botanical gardens at Montpellier.

et instillé dedans les aureilles, tue toute espece de vermine qui y seroit née par putrefaction, et tout aultre animal qui dedans seroit entré. Si d'icelluy jus vous mettez dedans un seilleau de eaue, soubdain vous verrez l'eaue prinse, comme si feussent caillebotes[1], tant est grande sa vertus. Et est l'eaue ainsi caillée remede præsent aux chevaulx coliqueux et qui tirent des flans[2]. La racine d'icelle, cuicte en eaue, remollist les nerfz retirez, les joinctures contractes, les podagres sclirrhotiques[3] et les gouttes nouées. Si promptement voulez guerir une bruslure, soit d'eaue, soit de feu, appliquez y du Pantagruelion crud, c'est à dire tel qui naist de terre, sans aultre appareil ne composition, et ayez esguard de le changer ainsi que le voirez deseichant sus le mal.

Sans elle seroient les cuisines infames, les tables detestables, quoy que couvertes feussent de toutes viandes exquises; les lictz sans delices[4], quoy que y feust en abondance or, argent, electre[5], ivoyre et porphyre. Sans elle ne porteroient les meusniers bled au moulin, n'en rapporteroient farine. Sans elle comment seroient portez les playdoyers des advocatz à l'auditoire? Comment seroit sans elle porté le plastre à l'hastelier? Sans elle comment seroit tirée l'eaue du puyz? Sans elle que feroient les tabellions, les copistes, les secretaires et escrivains? Ne periroient les pantarques et papiers rantiers? Ne periroit le noble art d'imprimerie? De quoy feroit on chassis[6]? Comment sonneroit on les cloches?

D'elle sont les Isiacques[7] ornez, les Pastophores[8] revestuz, toute humaine nature couverte en premiere position[9]. Tous les arbres lanificques des Seres, les

1 Curds.     2 Qui tirent des flans = broken-winded.     3 Scirrhous.
4 *Delices* has two meanings, "delights," and "straining-cords."
5 Probably here *electre* means gold mixed with a fifth part silver, and not amber.
6 Scenes. *Chassis* means any sort of framework with laths or cords stretched across it. From Lat. *cassis*, a net.
7 Priests of Isis who wore only linen.
8 Egyptian priests imitated by the Athenians; but there is an allusion to surpliced monks.     9 i.e. lying down.

gossampines de Tyle en la mer Persicque, les cynes[1] des Arabes, les vignes de Malthe[2], ne vestissent tant de personnes que faict ceste herbe seulette; couvre les armées contre le froid et la pluye plus certes commodement que jadis ne faisoient les peaulx; couvre les theatres et amphitheatres contre la chaleur, ceinct les boys et taillis au plaisir des chasseurs, descend en eaue, tant douce que marine, au profict des pescheurs. Par elle sont bottes, botines, botasses, houzeaulx, brodequins, souliers, escarpins, pantofles, savattes mises en forme et usaige. Par elle sont les arcs tendus, les arbalestes bandées, les fondes faictes. Et, comme si feust herbe sacre, verbenicque[3] et reverée des manes et lemures, les corps humains morts sans elle ne sont inhumez.

Je diray plus. Icelle herbe moyenante, les substances invisibles visiblement sont arrestées, prinses, detenues et comme en prison mises. A leur prinse et arrest sont les grosses et pesantes moles tournées agillement à insigne profict de la vie humaine. Et m'esbahys comment l'invention de tel usaige a esté par tant de siecles celé aux antiques philosophes, veue l'utilité impreciable qui en provient, veu le labeur intolerable que sans elle ilz supportoient en leurs pistrines.

Icelle moyenant, par la retention des flotz aërez, sont les grosses orchades[4], les amples thalameges[5], les forts guaillons, les naufz chiliandres et myriandres de leurs stations enlevées et poulsées à l'arbitre de leurs gouverneurs. Icelle moyennant, sont les nations que Nature sembloit tenir absconses, impermeables et incongneues, à nous venues, nous à elles, chose que ne feroient les oyseaulx, quelque legiereté de pennaige qu'ilz aient, et

1 Cyna-trees which resembled palms. See Plin. XII, 39.

2 Cotton-trees. *Vestes Melitenses* are mentioned by Cicero and Diodorus. These were manufactured from cotton which is still the staple production of the island.

3 Vervain (Lat. *verbena*) twigs, or branches of myrtle, laurel &c. carried or worn by Roman *Fetiales* &c. on solemn occasions.

4 Transports.

5 *Thalamege* was the enormous river-boat built by Ptolemy Philopator to sail up the Nile.

quelque liberté de nager en l'aer que leurs soit baillée
par Nature. Taprobrana[1] a veu Lappia; Java a veu les
mons Riphées; Phebol[2] voyra Theleme; les Islandoys
et Engronelands[3] boyront Euphrates. Par elle Boreas
a veu le manoir de Auster; Eurus a visité Zephire.
De mode que les Intelligences celestes, les dieux tant
marins que terrestres, en ont esté tous effrayez, voyans
par l'usaige de cestuy benedict Pantagruelion les peuples
Arcticques en plein aspect des Antarcticques franchir la
mer Athlanticque, passer les deux Tropicques, volter
soubs la Zone torride, mesurer tout le Zodiacque, s'esbattre soubs l'Æquinoctial, avoir l'un et l'autre Pole en
veue à fleur de leur orizon.

Les dieux olympicques ont en pareil effroy dict:
"Pantagruel nous a mis en pensement nouveau et tedieux
plus que oncques ne feirent les Aloïdes[4], par l'usaige et
vertus de son herbe. Il sera de brief marié, de sa femme
aura enfans. A ceste destinée ne povons nous contre-
venir, car elle est passée par les mains et fuseaulx des
sœurs fatales, filles de Necessité. Par ses enfans, peut
estre, sera inventée herbe de semblable energie, moyenant
laquelle pourront les humains visiter les sources des
gresles, les bondes des pluyes et l'officine des fouldres;
pourront envahir les regions de la lune, entrer le territoire
des signes celestes, et là prendre logis, les uns à l'Aigle
d'or, les aultres au Mouton, les aultres à la Couronne, les
aultres à la Herpe, les aultres au Lion d'argent; s'asseoir
à table avecques nous, et nos déesses prendre à femmes,
qui sont les seulx moyens d'estre deïfiez." En fin, ont
mis le remede d'y obvier en deliberation et conseil.

---

1 Ceylon.        2 Perhaps Madagascar.    See Arist. *de Mundo*, c. 3.
3 Icelanders and Greenlanders.       4 Otus and Ephialtes.

# LIVRE IV

The *Fourth Book* was begun at Metz and ten chapters were written 1546-7, when Rabelais, disgusted at the undeserved charges of heresy that had been raised against him, determined to give up writing. In 1547 he rejoined Cardinal Du Bellay after the coronation of Henry II and accompanied him to Rome. In September 1549 they returned from Rome to Lyons, when the Cardinal was commanded to go to Rome to take part in the election of the new Pope, Julius III, who was not elected till Feb. 7, 1550. On his return he found Rabelais whom he had left at Lyons and took him with him to Saint-Maur, near Paris, where he had a château. Strained relations soon arose between the new Pope and Henry II, because the Pope wished to deprive Orazio Farnese of the duchy of Parma. Farnese had married Diane, a natural daughter of Henry, and this caused an estrangement between Pope and King. Cardinal Odet de Châtillon had twice attempted to induce Rabelais to complete his *Fourth Book*, and ultimately succeeded when he was backed by Du Bellay at Saint-Maur, and the book was completed there. It is remarkable for the boldness of the attacks on the Roman Church, to be accounted for by the attitude of the French Court, which it was the object of Rabelais to support.

The completed *Fourth Book* consists of the ten chapters of the original Book expanded so as to make twenty-five, to which are added forty-two new chapters making in all sixty-seven.

The Prologue begins with a praise of health and the endeavours of the physicians to maintain their own health as well as that of their patients, and an exhortation to preserve health and to offer prayers to attain it. Such prayers and wishes are declared to be moderate and therefore likely to be heard, as were the wishes of Zacchaeus to see Christ and of the song of the prophet that his axe should be restored him. This suggests the story of Mercury and the Woodcutter, who is here localized as living at Gravot near Chinon. The Aesopian story is told with much amplification; the Woodcutter's prayers are represented as reaching Jupiter in the midst of a Council, or Consistory (to use the papal word), while he is settling the affairs of Europe. This allows the mention of various political events, and among them of those of Parma. The reward of the Woodcutter for honestly choosing his own hatchet and the punishment of various pretenders to loss, who choose the golden hatchet—all is given in very graphic detail, and the necessity of moderation in wishes is again enforced.

The *Fourth Book* begins with the embarkation of Pantagruel and his companions on the twelve ships, which are described with their ensigns. Prayer is made and the 114th Psalm is chanted, the first line according to Marot's (Protestant) version being given. The direction is described as going north above Canada and keeping south of the Arctic Ocean and then descending on the other side to Cathay which had the same latitude as Olonne. This was instead of rounding the Cape. In passages from Pliny and Pomponius Mela not only the N.W. passage is spoken of but a N.E. passage is hinted at. Medamothi is first reached, probably representing New-foundland, and a reference is made to the French royal family and their colonizing policy. Presents are bought at a fair; among them a reindeer and some giraffes by Pantagruel for his father. A letter is now received from Gargantua in a quick despatch-boat ("The Sea-Swallow") bringing a letter and a carrier-pigeon, which is described. The Esquire who brings the letter is fêted and Panta-gruel indites a suitable letter in answer to his father describing the animals which he is sending (Chapters I—IV). On the fifth day they meet a French vessel coming from Lantern-land (their own destination) and get instructions thereanent, and they hear of the kingdom of Gebarim (Heb. warriors) which is evidently intended for Canada (*la nouvelle France*). Panurge now gets up a quarrel with Dindenault, a shepherd who has some sheep with him. After a good deal of bargaining Panurge buys a big ram and throws it overboard. The other sheep follow it and drag the shepherds who try to hold them back and they all are drowned (Chapters V—VIII). Next follow the "islands" of the red-faced snub-nosed people who are all related, and *Cheli* where the court ladies kiss the travellers (Chapters IX—X). Epistemon tells a story of a Bernardine Monk preferring cook-shops and goslings to all the sights in Florence, and Pantagruel explains by a story why Monks like to be in kitchens (Chapter XI). The Island of Procuration, where the people are beaten for money, the story of the Lord of Basché having the Catchpoles beaten under pretence of memorials of a wedding, and an apocryphal story of Villon causing the death of a Franciscan by scaring the filly he was riding take up the next chapters (Chapters XII—XV). Brother John experiments and beats one of the Catch-poles (Chapter XVI). The account of Bringuenarilles and his death and of several strange deaths follows (Chapter XVII).

A storm comes on as described by Merlin Cocai, books XI, XII, and Virgil, *Aen.* I, 82–94. A number of nautical terms are used descriptive of the sails and tackling—many of them Italian in form. The courage of Brother John and the poltroonery of Panurge are most amusingly contrasted; the despair of the Pilot and the discourse on Wills made at sea, the end of the storm and Panurge's pretence to great courage are excellently told (Chapters XVIII—XXIV). The Island of the Macraeons as the dwelling-place for heroes is next described; how their presence brings comfort and their departure distress. The cruel conduct of Herod in ordering the slaughter of the chief nobles of Judaea after his death is commented on. Pantagruel dwells on the prodigies that preceded the death of the Seigneur de Langey, and tells the story from Eusebius of the death of the god Pan (Chapters XXV—XXVIII). They pass Sneaking Island and Lent is anatomized by Xenomanes in his organs and limbs ; his characteristics are also noted. An apologue is given describing two unnatural monsters made in Nature's despite and to them are compared Calvin and a monk Puy-Herbaut who had assailed Rabelais (Chapters XXIX— XXXII). A *physeter* or whale is described coming to attack the fleet ; Panurge is beside himself with fear, but Pantagruel, assuming gigantic powers, slays the monster with a number of immense darts (Chapters XXXIII—XXXIV). As the crews were stowing away parts of the *physeter* and refreshing themselves, a number of Chitterlings are seen marching to attack them. Pantagruel calls a council and decides that they must stand on the defensive. Captain Maul-chitterling and Cut-pudding are chosen to command, on account of their favourable names, and a disquisition on this subject is held by Pantagruel. It is determined that Chitterlings are not to be despised and Brother John forms several companies of Cooks, for whom he provides appropriate names. A battle is engaged ; Brother John and his men emerge from a sow (penthouse) in which they were hidden and cut the Chitterlings to pieces. A huge Swine flies across the field between the combatants and a truce is made, followed by peace terms made by Pantagruel with the Queen of the Chitterlings (Chapters XXXV—XLII). The Island of Ruach or Wind is next reached, where people live only on wind, but the *podestà* complains that sometimes their wind diet is laid by small rains. Bringuenarilles also troubles them by devouring their bellows and apparatus for procuring wind. Pantagruel reassures them with the news that the giant was dead (Chapters XLIII—XLIV). The Island of Popefigs is now visited, where the people scorn the Pope and are therefore subjected to the control of devils. A husbandman is discovered immersed in holy water up to his nose surrounded by priests to protect him from a devil, who is to fight with him for getting the better of him in selling the produce of the field, which had been adjudged to the devil, who had made the man cultivate it for him. The devil however is cheated by seeing the result of the man's claws and flies. An incidental remark of the devil is important, to the effect that now the students read the Holy Bible there is a difficulty in getting souls for Lucifer's breakfast (Chapters XLV—XLVII). The blessed Island of the Papimanes (madly devoted to the Pope) is now described. Because they have seen the Pope the travellers are received with effusion, and Bishop Homenaz comes up and entertains them with extravagant audation of the Decretals or Papal law-book. They are shewn a picture of the Pope and entertained at dinner. Miracles wrought by the Decretals are recounted, and their virtue in fitting every one for important offices is insisted on, as also the fact that the Decretals draw much gold from France to Rome. Homenaz now dismisses them with a present of Bon-Chrétien Pears (Chapters XLVIII—LIV). They now hear frozen words which are being thawed. They prove to be battle-cries of an engagement that took place in the previous winter (Chapters LV—LVI). Messer Gaster's Island is next visited. He is the great master contriver to feed his necessities. Every one, animals, birds, &c., is busy in serving him. He knows no law. At his court are the Engastrimythes, or Diviners, and the Gastrolaters; the high-priest Manducus directs banquets for ordinary and lean days to be served to Messer Gaster, the ventripotent god. Gaster also provides corn and the means of preserving it in fortresses. He has also invented artillery to attack the fortresses and means of defending them from attacks, besides many other marvellous inventions (Chapters LVII—LXII). The travellers are now becalmed and propose many problems for solution. Pantagruel solves them by ringing the dinner-bell. Dinner is the answer to all the problems. Eusthenes gives a list of serpents which may now be safe through his spitting upon them. His problem was: Why a fasting man's spittle is poisonous to serpents? (Chapters LXIII—LXIV). Pantagruel now cheers the time, pointing out that during their dinner the wind has been raised (Chapter LXV). On passing the Isle of Ganabin Panurge in alarm retreats to the bread-room between decks. Pantagruel orders the guns of the ships to be fired, utterly scaring the runaway (Chapters LXVI—LXVII).

# PROLOGUE

A un filz de prophete en Israël, fendant du boys prés le fleuve Jordan, le fer de sa coingnée eschappa, comme est escript 4, *Reg.* 6, et tomba dedans icelluy fleuve. Il pria Dieu le luy vouloir rendre; c'estoit chose mediocre, et en ferme foy et confiance jecta, non la coingnée aprés le manche, comme en scandaleux solœcisme chantent les diables censorins, mais le manche aprés la coingnée, comme proprement vous dictes. Soubdain apparurent deux miracles: le fer se leva du profond de l'eaue, et se adapta au manche. S'il eust soubhaité monter es cieulx dedans un chariot flamboiant, comme Helie, multiplier en lignée comme Abraham, estre autant riche que Job, autant fort que Samson, aussi beau que Absalon, l'eust-il impetré? C'est une question.

A propos de soubhaictz mediocres en matiere de coingnée, advisez quand sera temps de boire, je vous raconteray ce qu'est escript parmy les apologues du saige Æsope le François, j'entens Phrygien et Troian[1], comme afferme Max. Planudes[2], duquel peuple, selon les plus veridiques chroniqueurs, sont les nobles François descenduz. Ælian escript qu'il feut Thracian; Agathias, aprés Herodote, qu'il estoit Samien. Ce m'est tout un.

De son temps estoit un paouvre homme villageois, natif de Gravot[3], nommé Couillatris, abateur et fendeur de boys, et en cestuy bas estat guaingnant cahin caha[4] sa paouvre vie. Advint qu'il perdit sa coingnée. Qui feut bien fasché et marry? Ce fut il, car de sa coingnée dependoit son bien et sa vie, par sa coingnée vivoit en honneur et reputation entre tous riches buscheteurs, sans coingnée mouroit de faim. La mort, six jours aprés, le rencontrant sans coingnée, avecques son dail l'eust fausché et cerclé[5] de ce monde.

En cestuy estrif[6] commença crier, prier, implorer, invocquer Juppiter par oraisons moult disertes, comme vous sçavez que Necessité feut inventrice d'Eloquence, levant la face vers les cieulx, les genoilz en terre, la teste nue, les bras haulx en l'air, les doigts des mains esquarquillez, disant à chascun refrain de ses suffrages à haulte voix infatiguablement: " Ma coingnée, Juppiter, ma

1 French writers (among them Jean Bouchet (*P.* 1) and Jean Lemaire (*P.* 30) represented the French as descended from Francus, son of Hector.

2 *Maximus Planudes*, a monk of the 14th century, of Nicomedia, who lived at Constantinople. He was sent in 1327 by Andronicus II as ambassador to Venice. He published a book of fables purporting to be Aesop's, but full of apocryphal stories. These fables are shewn in Bentley's " Dissertation," p. 143 sqq., to be mostly the verses of Babrius turned into prose ; the ugliness of Aesop is also an invention of Planudes. His *Life of Aesop* was adopted in the main by La Fontaine and prefixed to his *Fables*. Planudes was best known by his collection of Greek Epigrams called *Anthologia Planudea*.

3 A village N.W. of Chinon.

4 From Lat. *qua hinc qua hac.*

5 Sarclé = hoed.

6 Quandary.

coignée, ma coignée! Rien plus, ô Juppiter, que ma coignée, ou deniers pour en achapter une autre. Helas! ma paouvre coignée!" Juppiter tenoit conseil sus certains urgens affaires, et lors opinoit la vieille Cybelle, ou bien le jeune et clair Phœbus, si voulez. Mais tant grande feut l'exclamation de Couillatris qu'elle feut en grand effroy oüye on plein conseil et consistoire des dieux. "Quel diable, demanda Juppiter, est là bas qui hurle si horrifiquement? Vertuz de Styx, ne avons nous par cy devant esté, præsentement ne sommes nous assez icy à la decision empeschez de tant d'affaires controvers et d'importance?

Or depeschons ce criart là bas. Voyez, Mercure, qui c'est, et sachez qu'il demande.

Mercure reguarde par la trappe des cieulx, par laquelle ce que l'on dict çà bas en terre ilz escoutent, et semble proprement à un escoutillon[1] de navire, Icaromenippe disoit qu'elle semble à la gueule d'un puiz, et veoid que c'est Couillatris, qui demande sa coignée perdue, et en faict le rapport au conseil. "Vrayement, dist Juppiter, nous en sommes bien! Nous, à ceste heure, n'avons autre faciende que rendre coignées perdues? Si faut-il luy rendre. Cela est escript es destins, entendez vous? aussi bien comme si elle valust la duché de Milan[2]. A la verité, sa coignée luy est en tel pris et estimation que seroit à un roy son royaulme. Cza, çà, que ceste coignée soit rendue, qu'il n'en soit plus parlé.

Ores seroit à sçavoir quelle espece de coignée demande ce criart Couillatris.

A ces motz tous les venerables dieux et deesses s'éclaterent de rire, comme un microcosme de mouches. Vulcan, avecques sa jambe torte, en feist pour l'amour de s'amye troys ou quatre beaulx petitz saulx en plate forme[3].

---

1 Scuttle.

2 The Duchy of Milan, claimed by Louis XII as the grandson of Valentina Visconti, had been the apple of strife to France from the end of the 15th century.

3 This refers to the Breton dance, *trihori* (*saltatio trichorica*).

"Cza, çà, dist Juppiter à Mercure, descendez presentement là bas, et jectez es pieds de Couillatris troys coingnées: la sienne, une autre d'or, et une tierce d'argent, massives, toutes d'un qualibre. Luy ayant baillé l'option de choisir, s'il prend la sienne et s'en contente, donnez luy les deux autres. S'il en prend aultre que la sienne, couppez luy la teste avecques la sienne propre. Et desormais ainsi faictes à ces perdeurs de coingnées."

Ces parolles achevées, Juppiter, contournant la teste comme un cinge qui avalle pillules, feist une morgue tant espouvantable que tout le grand Olympe trembla[1].

Mercure, avecques son chappeau poinctu, sa capeline[2], tallonieres et caducée, se jecte par la trappe des cieux, fend le vuyde de l'air, descend legierement en terre, et jecte es pieds de Couillatris les trois coingnées, puis luy dict: "Tu as assez crié pour boire; tes prières sont exaulsées de Juppiter. Reguarde laquelle de ces troys est ta coingnée, et l'emporte." Couillatris soublieve la coingnée d'or: il la reguarde et la trouve bien poisante; puis dict à Mercure: "M'armes[3], ceste-cy n'est mie la mienne; je n'en veulx grain." Autant faict de la coingnée d'argent, et dict: "Non ceste cy, je la vous quitte." Puis prend en main la coingnée de bois; il reguarde au bout du manche; en icelluy recongnoist sa marque, et, tressaillant tout de joye comme un renard qui rencontre poulles esguarées, et soubriant du bout du nez, dict: "Merdigues, ceste cy estoit mienne. Si me la voulez laisser, je vous sacrifiray un bon et grand pot de laict tout fin couvert de belles frayres aux Ides, c'est le quinzieme jour, de May[4].—Bon homme, dist Mercure, je te la laisse, prens la. Et, pource que tu as opté et soubhaité mediocrité en matiere de coingnée, par le vueil de Juppiter je te donne ces deux aultres. Tu as de quoy dorenavant te faire riche, soys homme de bien."

1 A burlesque on "Adnuit et totum nutu tremefecit Olympum" (Verg. *Aen.* IX, 106). George Chapman has (1601), "And looks much like an ape had swallow'd pills" (*All Fools*, V, 1).

2 From *capellina = petasus*.                    3 = mon âme.

4 The Ides of May, Mercury's birthday (Mart. XII, 67).

Couillatris courtoisement remercie Mercure, revere le grand Juppiter, sa coingnée antique attache à sa ceincture de cuyr, et s'en ceinct sus le cul, comme Martin de Cambray[1]. Les deux aultres plus poisantes il charge à son coul. Ainsi s'en va se prelassant par le pays, faisant bonne troigne parmy ses paroeciens et voysins, et leurs disant le petit mot de Patelin: "En ay-je[2]?" Au lendemain, vestu d'une sequenie blanche, charge sus son dours les deux precieuses coingnées, se transporte à Chinon, ville insigne, ville noble, ville antique, voyre premiere du monde, scelon le jugement et assertion des plus doctes Massorethz. En Chinon il change sa coingnée d'argent en beaulx testons et aultre monnoye blanche, sa coingnée d'or en beaulx salutz, beaulx moutons à la grande laine, belles riddes[3], beaulx royaulx, beaulx escutz au soleil. Il en achapte force mestairies, force granges, force censes[4], force mas[5], force bordes et bordieux[6], force cassines[7], prez, vignes, boys, terres labourables, pastis[8], estangs, moulins, jardins, saulsayes, beufz, vaches, brebis, moutons, chevres, truyes, pourceaulx, asnes, chevaulx, poulles, coqs, chappons, poulletz, oyes, jars[9], canes, canars, et du menu. Et en peu de temps feut le plus riche homme du pays, voyre plus que Maulevrier le boyteux.

Les Francs Gontiers[10] et Jacques Bonshoms du voysinage, voyants ceste heureuse rencontre de Couillatris, feurent bien estonnez, et feut en leurs espritz la pitié et commiseration que au paravant avoient du paouvre

1 A well-known metal figure which struck the hours on the clock in the belfry at St Martin at Cambrai.

2 *Patelin*, l. 352, said by Patelin when he comes home with the cloth of which he has defrauded the draper.

3 *Riders*, a Burgundian gold coin of the 15th century worth 50 *sols tournois*. On one side it bore a knight with a drawn sword, fully armed, on a galloping horse.

4 Estates.                          5 Ital. *massa* = messuage.
6 Country-houses.                   7 Summer-houses.
8 Pasturages.                       9 Ganders.

10 *Les dictz de Franc Gontier* written by Philippe de Vitry, Bp of Meaux (*ca.* 1350), in praise of a country life, gave rise to a mass of pastoral literature which provoked Villon's well-known *ballade* of *Les Contrediz de Franc Gontier*.

Couillatris en envie changée de ses richesses tant grandes et inopinées. Si commencerent courir, s'enquerir, guementer, informer par quel moyen, en quel lieu, en quel jour, à quelle heure, comment et à quel propous luy estoit ce grand thesaur advenu. Entendens que c'estoit par avoir perdu sa coingnée: " Hen, hen! dirent ilz, ne tenoit il qu'à la perte d'une coingnée que riches ne feussions? Le moyen est facile et de coust bien petit. Et doncques telle est on temps præsent la revolution des cieulx, la constellation des astres et aspect des planettes que quiconques coingnée perdera soubdain deviendra ainsi riche? Hen, hen, ha! par Dieu, coingnée, vous serez perdue, et ne vous en desplaise." Adoncques tous perdirent leurs coingnées. Au diable l'un à qui demoura coingnée. Il n'estoit filz de bonne mere qui ne perdist sa coingnée. Plus n'estoit abbatu, plus n'estoit fendu boys on pays en ce default de coingnée.

Encores dict l'apologue æsopicque que certains petitz Janspill'hommes[1] de bas relief, qui à Couillatris avoient le petit pré et le petit moulin vendu pour soy gourgiaser à la monstre[2], advertiz que ce thesaur luy estoit ainsi et par ce moyen seul advenu, vendirent leurs espées pour achapter coingnées, affin de les perdre comme faisoient les paysans, et par icelle perte recouvrir montjoye d'or et d'argent. Vous eussiez proprement dict que feussent petitz Romipetes vendens le leur, empruntant l'aultruy, pour achapter mandatz à tas d'un pape nouvellement creé[3]. Et de crier, et de prier, et de lamenter et invocquer Juppiter. " Ma coingnée, ma coingnée, Juppiter! Ma coingnée decza, ma coingnée delà, ma coingnée, ho, ho, ho, ho! Juppiter, ma coingnée!" L'air tout autour retentissoit aux cris et hurlemens de ces perdeurs de coingnées.

Mercure feut prompt à leurs apporter coingnées, à un

---

1 Rabelaisian variant for *gentilshommes*.

2 To cut a great figure at the parade. The *monstre* was a feudal review of troops. Cf. *passer au monstre* = to pass muster.

3 An allusion to the scandalous sale of indulgences on the accession of a new Pope.

chascun offrant la sienne perdue, une aultre d'or et une tierce d'argent. Tous choisissoient celle qui estoit d'or et l'amassoient, remerciant le grand donateur Juppiter; mais sus l'instant qu'ilz la levoient de terre, courbez et enclins, Mercure leurs tranchoit les testes, comme estoit l'edict de Juppiter. Et feut des testes couppées le nombre equal et correspondent aux coingnées perdues.

Voyla que c'est, voila qu'advient à ceulx qui en simplicité soubhaitent et optent choses mediocres. Prenez y tous exemple, vous aultres gualliers[1] de plat pays, qui dictez que pour dix mille francs d'intrade[2] ne quitteriez vos soubhaitz, et desormais ne parlez ainsi impudentement, comme quelque foys je vous ay ouy soubhaitans : "Pleust à Dieu que j'eusse presentement cent soixante et dix-huict millions d'or ! Ho, comment je triumpheroys !" Vos males mules ! Que soubhaiteroit un roy, un empereur, un pape d'advantaige !

C'est, goutteux, sus quoy je fonde mon esperance, et croy fermement que, s'il plaist au bon Dieu, vous obtiendrez santé, veu que rien plus que santé pour le present ne demandez. Attendez encores un peu avecques demie once de patience. Ainsi ne font les Genevoys, quand au matin, avoir dedans leurs escriptoires et cabinetz discouru, propensé et resolu de qui et de quelz celluy jour ilz pourront tirer denares, et qui par leurs astuce sera beliné[3], corbiné[4], trompé et affiné, ilz sortent en place, et s'entresaluant, disent : " *Sanità et guadain, Messer.*" Ilz ne se contentent de santé, d'abondant ilz soubhaytent guaing, voire les escuz de Guadaigne[5], dont advient qu'ilz souvent n'obtiennent l'un ne l'autre.

Or, en bonne santé toussez un bon coup, beuvez en trois, secouez dehait vos aureilles, et vous oyrez dire merveilles du noble et bon Pantagruel.

1 Scurvy companions.　　　　　2 Income.
3 Fleeced.　　　　　　　　　　4 Rooked.
5 Thomas de Guadagne was an immensely rich Florentine banker, who lent Francis I 50,000 crowns during his captivity after the battle of Pavia. He founded a hospital for plague-stricken patients. Benvenuto Cellini speaks of him (1543) in his *Vita*, II, 28.

# CHAPITRE I

## *Comment Pantagruel monta sus mer pour visiter l'oracle de la Dive Bacbuc*

ON moys de juin, au jour des festes Vestales[1], celluy propre on quel Brutus conquesta Hespaigne et subjugua les Hespaignolz, on quel aussi Crassus l'avaricieux feut vaincu et deffaict par les Parthes, Pantagruel, prenent congé du bon Gargantua son pere, icelluy bien priant, comme en l'Eglise primitive estoit louable coustume entre les saincts christians, pour le prospere naviguaige de son filz et toute sa compaignie, monta sus mer au port de Thalasse[2], acompaigné de Panurge, Frere Jan des Entomeures, Epistemon, Gymnaste, Eusthenes, Rhizotome, Carpalim[3] et autres siens serviteurs et domestiques anciens, ensemble de Xenomanes, le grand voyageur et traverseur des voyes perilleuses[4], lequel certains jours par avant estoit arrivé au mandement de Panurge.

Icelluy, pour certaines et bonnes causes, avoit à Gargantua laissé et signé, en sa grande et universelle Hydrographie, la routte qu'ilz tiendroient visitans l'oracle de la Dive Bouteille Bacbuc[5].

Le nombre des navires feut tel que vous ay exposé on tiers livre[6], en conserve de triremes, ramberges[7], gallions et liburnicques[8], nombre pareil, bien equippées, bien calfatées, bien munies avecques abondance de Pantagruelion. L'assemblée de tous officiers, truchemens, pilotz, capitaines, nauchiers, fadrins[9], hespailliers[10] et matelotz, feut en la Thalamege.

1 June 9.     2 This port is placed near Saint-Malo in III, 49.
3 From this list Ponocrates is accidentally omitted.
4 Rabelais's friend Jean Bouchet entitled a volume of his poems *Opuscules du Traverseur des voies périlleuses.*
5 A Chaldaean word for bottle.
6 The ships were twelve in number (III, 49).
7 Cruisers, from Engl. *row-barge.*
8 These perhaps represent *brigantines*; the *triremes* = *galères*.
9 Midshipmen.            10 Rowers.

Ainsi estoit nommée la grande et maistresse nauf de Pantagruel, ayant en pouppe pour enseigne une grande et ample bouteille à moytié d'argent, bien liz et polly; l'autre moytié estoit d'or esmaillé de couleur incarnat. En quoy facile estoit juger que blanc et clairet estoient les couleurs des nobles voyagiers, et qu'ilz alloient pour avoir le mot de la Bouteille.

Sus la pouppe de la seconde estoit hault enlevée une lanterne antiquaire, faicte industrieusement de pierre sphengitide[1] et speculaire, denotant qu'ils passeroient par Lanternoys. La tierce pour divise avoit un beau et profond hanat[2] de porcelaine. La quarte, un potet[3] d'or à deux anses, comme si feust une· urne antique. La quinte, un brocq insigne de sperme d'emeraulde[4]. La siziéme, un bourrabaquin[5] monachal faict des quatre metaulx ensemble. La septiéme, un entonnoir de ebene, tout requamé[6] d'or, à ouvraige de Tauchie[7]. La huictiéme, un guoubelet de lierre bien precieux, battu d'or à la damasquine. La neufiéme, une brinde[8] de fin or obrizé[9]. La diziéme, une breusse[10] de odorant agalloche, vous l'appelez boys d'aloës, porfilée[11] d'or de Cypre à ouvraige d'Azemine[12]. L'unziéme, une portuoire[13] d'or faicte à la mosaïcque. La douziéme, un barrault[14] d'or terny, couvert d'une vignette de grosses perles indicques, en ouvraige topiaire[15].

De mode que personne n'estoit, tant triste, fasché, rechigné, ou melancholicque feust, voyre y feust Heraclitus le pleurart, qui n'entrast en joye nouvelle, et de bonne ratte ne soubrist, voyant ce noble convoy de navires en leurs devises; ne dist que les voyagiers estoient tous beuvurs, gens de bien, et ne jugeast en prognostic

1 From φέγγεσθαι, the *lapis specularis* or talc of Pliny.
2 Ewer.                                           3 Jar.
4 Probably for presme=presne d'esmeraulde=*prasinus lapis* of Pliny XXXVII, 113, a kind of bastard emerald.
5 Drinking-cup.          6 Embossed.          7 Enamel.          8 Wine-cup.
9 Refined. *Obrussa* is an exact test by fire (Sen. *Ep.* XIII, § 1).
10 Bowl.                                        11 Purfled.
12 Persian work, from Arabic *Adjem*=Persian.
13 Vintage-basket.               14 Runlet.               15 Mosaic.

asceuré que le voyage, tant de l'aller que du retour, seroit en alaigresse et santé perfaict.

En la Thalamege doncques feut l'assemblée de tous. Là, Pantagruel leurs feist une briefve et saincte exhortation, toute auctorisée des propous extraictz de la saincte Escripture, sus l'argument de naviguation. Laquelle finie, feut hault et clair faicte priere à Dieu, oyans et entendens tous les bourgeoys et citadins de Thalasse, qui estoient sus le mole accourruz pour veoir l'embarquement.

Aprés l'oraison, feut melodieusement chanté le pseaulme du sainct roy David, lequel commence:

Quand Israël hors d'Egypte sortit[1].

Le pseaulme parachevé, feurent sus le tillac les tables dressées, et viandes promptement apportées. Les Thalassiens, qui pareillement avoient le pseaulme susdict chanté, feirent de leurs maisons force vivres et vinage apporter. Tous beurent à eulx. Ilz beurent à tous.

Ce feut la cause pourquoy personne de l'assemblée oncques par la marine ne rendit sa guorge, et n'eut perturbation d'estomach ne de teste, auquelz inconveniens ne eussent tant commodement obvié, beuvans par quelques jours paravant de l'eaue marine, ou pure, ou mistionnée avecques le vin, ou usans de chairs de coings, de escorce de citron, de jus de grenade aigresdoulces, ou tenens longue diete, ou se couvrans l'estomach de papier, ou autrement faisans ce que les folz medecins ordonnent à ceulx qui montent sus mer.

Leurs beuvettes souvent reiterées, chascun se retira en sa nauf, et en bonne heure feirent voile au vent grec levant[2], selon lequel le pilot principal, nommé Jamet Brayer[3], avoit designé la routte et dressé la calamite[4] de toutes les boussoles.

1 The first line of Marot's version of Ps. 114. It has been pointed out that the service is entirely Protestant in character.

2 N.E. by E.

3 A connexion of Rabelais, who trafficked on the Loire and its affluents.

4 Needle, from Lat. "rana calamites, quoniam inter arundines vivat minima et viridissima," Plin. XXXII, 122. Formerly the magnetic needle was placed on straws floating in water, so as to be free to indicate the north.

Car l'advis sien, et de Xenomanes aussi, feut, veu que
l'oracle de la Dive Bacbuc estoit prés le Catay, en Indie
superieure, ne prendre la routte ordinaire des Portuga-
loys[1], les quelz, passant la Ceincture ardente et le cap de
Bonasperanza, sus la poincte meridionale d'Africque,
oultre l'Æquinoctial, et perdens la veue et guyde de
l'aisseuil septentrional, font navigation enorme, ains
suyvre au plus prés le parallele de ladicte Indie et gyrer
autour d'icelluy pole par occident: de maniere que,
tournoyans soubs septentrion, l'eussent en pareille elevation comme il est au port de Olone, sans plus en
approcher, de paour d'entrer et estre retenuz en la mer
Glaciale. Et, suyvans ce canonique destour par mesme
parallele, l'eussent à dextre vers le levant, qui au departement leur estoit à senestre, ce que leurs vint à profict
incroyable, car sans naufrage, sans dangier, sans perte de
leurs gens, en grande serenité, exceptez un jour prés l'isle
des Macreons, feirent le voyage de Indie superieure en
moins de quatre moys, lequel à poine feroient les Portu-
gualoys en troys ans, avecques mille fascheries et dangiers
innumérables[2]. Et suys en ceste opinion, sauf meilleur
jugement, que telle routte, de fortune, feut suyvie par ces
Indians qui navigerent en Germanie, et feurent honorablement traictez par le roy des Suedes, on temps que
Q. Metellus Celer estoit proconsul en Gaulle, comme
descrivent Cor. Nepos, Pomp. Mela, et Pline aprés eulx[3].

1 From the time of Prince Henry the Navigator in the reign of Emmanuel
the Great, the Portuguese had continued their tentative voyages round the
coast of Africa, till in 1487 Bartholomew Diaz rounded the Cape of Good
Hope. In 1493 Vasco da Gama went round Africa as far as Melinda (*G.* 5)
and from there crossed over to Calicut in India.

2 Strabo (1, 64 *fin.*) had said: Were it not for the size of the Atlantic
Ocean, we could sail from Iberia to India through the same parallels.
Previous to the voyages of Jacques Cartier to Canada (*la nouvelle France*),
Verrazano, a Florentine sailor, had suggested to Francis I that a passage
might be found to the north of Canada, so as to arrive at Cathay in the
extreme east of Asia. This was in 1534. It is, of course, the celebrated
North-west Passage, which was not achieved till 1850–1 by Sir R. McClure.

3 Nepos *de septentrionali circuitu* tradit...Galliae proconsuli Indos a rege
Suevorum dono datos. Plin. II, 170. These extracts seem to suggest a
N.E. passage. But Rabelais, in his account of the *incidents* of the voyage,
seems rather to have followed the narrators of Columbus's adventures.

# CHAPITRE II

*Comment Pantagruel, en l'isle de Medamothi, achapta plusieurs belles choses*

CESTUY jour et les deux subsequens ne leurs apparut terre ne chose aultre nouvelle, car autres foys avoient aré[1] ceste routte. Au quatriéme descouvrirent une isle, nommée Medamothi[2], belle à l'œil et plaisante à cause du grand nombre des phares et haultes tours marbrines desquelles tout le circuit estoit orné, qui n'estoit moins grand que de Canada[3].

Pantagruel, s'enquerant qui en estoit dominateur, entendit que c'estoit le roy Philophanes, lors absent pour le mariage de son frere Philotheamon avecques l'infante du royaulme de Engys[4].

Adoncques descendit on havre, contemplant, ce pendent que les chormes des naufs faisoient aiguade, divers tableaulx, diverses tapisseries, divers animaulx, poissons, oizeaulx et aultres marchandises exotiques et peregrines, qui estoient en l'allée du mole et par les halles du port, car c'estoit le tiers jour des grandes et solennes[5] foires du lieu, es quelles annuellement convenoient tous les plus riches et fameux marchans d'Afrique et Asie. D'entre lesquelles frere Jan achapta deux rares et precieux tableaulx, en l'un desquelz estoit au vif painct le visaige d'un appelant; en l'aultre estoit le pourtraict d'un varlet qui cherche maistre[6], en toutes qualitez requises,

1' Ploughed. Cf. Verg. *Aen.* II, 780.

2 μηδαμόθι (Plut. *de Is. et Osir.* c. 23, 360 B), "Nowhere," has been a favourite appellation of an imaginary place, as in Sir T. More's *Utopia*, and "Erewhon" of modern times.

3 Canada had been taken possession of (1535) in the name of Francis I by Jacques Cartier, and styled *New France*.

4 Philophanes=fond of ostentation; Philotheamon = fond of sight-seeing; Engys (ἐγγύς)=neighbouring.

5 Annual=Lat. *solemnis*.

6 In the *hôtel* of Jacques Cœur at Bruges, on either side of a blind balcony above the entrance of the eastern façade, is a blind window with the head of a servant watching for his master's return.

gestes, maintien, minois, alleures, physionomie et affections, painct et inventé par maistre Charles Charmois[1],
painctre du roy Megiste[2], et les paya en monnoie de
cinge[3].

Panurge achapta un grand tableau painct et transsumpt de l'ouvrage jadis faict à l'aiguille par Philomela,
exposante et representante à sa sœur Progné comment
son beaufrere Tereus l'avoit despucellée, et sa langue
couppée, affin que tel crime ne decelast. Je vous jure
par le manche de ce fallot que c'estoit une paincture
gualante et mirifique. Vous la pourrez veoir en Theleme[4]
à main guausche, entrans en la haulte guallerie.

Epistemon en achapta une aultre, on quel estoient au
vif painctes les Idées de Platon et les Atomes de
Epicurus.

Rhizotome en achapta un aultre on quel estoit Echo
selon le naturel representée.

Pantagruel par Gymnaste feist achapter la vie et
gestes de Achilles en soixante et dix-huict pieces de
tapisserie[5] à haultes lisses, longues de quatre, larges de
trois toises, toutes de saye phrygienne requamée d'or et
d'argent. Et commençoit la tapisserie au nopces de
Peleüs et Thetis, continuant la nativité d'Achilles, sa
jeunesse descripte par Stace Papinie, ses gestes et faicts
d'armes celebrez par Homere, sa mort et exeques des-
criptz par Ovide et Quinte Calabrois, finissant en l'appa-
rition de son umbre et sacrifice de Polyxene descript par
Euripides.

Feist aussi achapter trois beaux et jeunes unicornes:
un masle, de poil alezan tostade[6], et deux femelles, de

---

1 Identified with Charles Carmoy who worked at Fontainebleau 1537–
50, for Card. Du Bellay in 1548, for Phil. de l'Orme in 1549, and for Diane
de Poitiers in 1551 (*R. E. R.* VIII, 113; IX, 77).

2 Henry II. 　　　　　　　　　　3 i.e. by bowing and scraping.

4 Probably here intended for Du Bellay's château of Saint Maur-les-Fossés
near Paris.

5 Henry II had set up a tapestry factory in the hospital of the Trinity at
Paris in 1550.

6 Burnt sorrel.

poil gris pommelé[1]. Ensemble un tarande, que luy vendit un Scythien de la contrée des Gelones.

Tarande[2] est un animal grand comme un jeune taureau, portant teste comme est d'un cerf, peu plus grande, avecques cornes insignes largement ramées, les piedz fourchuz, le poil long comme d'un grand ours, la peau peu moins dure qu'un corps de cuirasse. Et disoit le Gelon peu en estre trouvé parmy la Scytie, par ce qu'il change de couleur selon la variété des lieux es quelz il paist et demoure, et represente la couleur des herbes, arbres, arbrisseaulx, fleurs, lieux, pastiz, rochiers, generalement de toutes choses qu'il approche. Cela luy est commun avecques le poulpe marin, c'est le polype, avecques les thoës[3], avecques les lycaons de Indie, avecques le chameleon, qui est une espece de lizart tant admirable que Democritus a faict un livre entier de sa figure, anatomie, vertus et proprieté en magie. Si est ce que je l'ay veu couleur changer, non à l'approche seulement des choses colorées, mais de soy mesmes, selon la paour et affections qu'il avoit; comme sus un tapiz verd je l'ay veu certainement verdoyer, mais, y restant quelque espace de temps, devenir jaulne, bleu, tanné, violet par succés, en la façon que voiez la creste des coqs d'Inde couleur scelon leurs passions changer.

Ce que sus tout trouvasmes en cestuy tarande admirable est que non seulement sa face et peau, mais aussi tout son poil, telle couleur prenoit qu'elle estoit es choses voisines. Prés de Panurge, vestu de sa toge bure, le poil luy devenoit gris; prés de Pantagruel, vestu de sa mante d'escarlate, le poil et peau luy rougissoit; prés du pilot, vestu à la mode des Isiaces[4] de Anubis en Ægypte,

1 This agrees with the description in *G.* 16 of Gargantua's great mare. It is taken from Pliny, *H. N.* viii, 76. Giraffes are evidently intended.

2 The description of the Tarand and the Chamaeleon is derived from Pliny viii, 120–4, which is itself taken from Theophrastus (*Frag.* 172). The *Cervus tarandus* is the Reindeer, which formerly came much farther south and is mentioned in Caesar, *B. G.* vi, 26 as *bos cervi figura* in the Hercynian forest.                3 Lynxes.

4 The priests of Isis, who wore only white linen robes.

son poil apparut tout blanc. Lesquelles deux dernieres couleurs sont au chameleon deniées. Quand hors toute paour et affections il estoit en son naturel, la couleur de son poil estoit telle que voiez es asnes de Meung[1].

## CHAPITRE III

*Comment Pantagruel repceut letres de son pere Gargantua, et de l'estrange maniere de sçavoir nouvelles bien soubdain des pays estrangiers et loingtains*

PANTAGRUEL occupé en l'achapt de ces animaulx pere-grins, feurent ouiz du mole dix coups de verses et faulconneaulx[2], ensemble grande et joyeuse acclamation de toutes les naufz. Pantagruel se tourne vers le havre, et veoyd que c'estoit un des celoces[3] de son pere Gargantua, nommé la Chelidoine, pource que sus la pouppe estoit en sculpture de ærain corinthien une hirondelle de mer[4] elevée. C'est un poisson grand comme un dar de Loyre, tout charnu, sans esquames, ayant aesles cartila-gineuses, quelles sont es souriz chaulves, fort longues et larges, moyenans les quelles je l'ay souvent veu voler une toyse au dessus l'eau plus d'un traict d'arc. A Marseille on le nomme Lendole. Ainsi estoit ce vaisseau legier comme une hirondelle, de sorte que plus toust sembloit sus mer voler que voguer.

En iceluy estoit Malicorne[5], escuyer tranchant de Gargantua, envoyé expressement de par luy entendre l'estat et portement de son filz le bon Pantagruel, et luy porter letres de creance.

1 Cf. Plin. VIII, 124, sed cum libuit sui coloris esse, asini similis. Meung is a little town on the Loire, 16 miles W. of Orleans, where was a convent of Grey Friars, who got this name from the colour of their dress.
2 Culverins and falconets.
3 Despatch-boats (from Lat. *celox*, Gr. κέλης).
4 Sea-swallow or flying-fish (*Trigla volitans*).
5 Felix de Chaources, *seigneur de Malicorne*, born 1509, *grand veneur* to the King of Navarre. He was attached to the court of Langey in Piedmont in 1539. The name is derived from Malicorne in La Sarthe in Touraine.

Pantagruel, apres la petite accollade et barretade[1] gracieuse, avant ouvrir les letres ne aultres propous tenir à Malicorne, luy demanda: "Avez vous icy le gozal[2], celeste messaigier? — Ouy, respondit-il. Il est en ce panier emmaillotté." C'estoit un pigeon prins on colombier de Gargantua, esclouant ses petitz sus l'instant que le susdict celoce departoit. Si fortune adverse feust à Pantagruel advenue, il y eust des jectz noirs attaché es piedz; mais, pour ce que tout luy estoit venu à bien et prosperité, l'ayant faict demaillotter, luy attacha es pieds une bandelette de tafetas blanc, et, sans plus differer, sus l'heure le laissa en pleine liberté de l'air. Le pigeon soubdain s'envole, haschant en incroyable hastiveté, comme vous sçavez qu'il n'est vol que de pigeon, quand il a œufz ou petitz, pour l'obstinée sollicitude en luy par nature posée de recourir et secourir ses pigeonneaulx. De mode qu'en moins de deux heures il franchit par l'air le long chemin que avoit le celoce en extreme diligence par troys jours et troys nuyctz perfaict, voguant à rames et à veles[3], et luy continuant vent en pouppe. Et feut veu entrant dedans le colombier on propre nid de ses petitz.

Adoncques, entendent le preux Gargantua qu'il portoit la bandelette blanche, resta en joye et sceureté du bon portement de son filz.

Telle estoit l'usance des nobles Gargantua et Pantagruel, quand sçavoir promptement vouloient nouvelles de quelque chose fort affectée et vehementement desirée, comme l'issue de quelque bataille, tant par mer comme par terre, la prinze ou defense de quelque place forte, l'appoinctement de quelques differens de importance, l'accouchement heureux ou infortuné de quelque royne ou grande dame, la mort ou convalescence de leurs amis

---

1 The first short welcome and salute. The *petite accollade* (IV, 49), as distinguished from the *grande accollade*, which was given after the conferring of knighthood. *Barretade* is from *barreta*, properly the casque or helmet, afterwards limited to the clerical cap.

2 The Hebrew for pigeon.      3 In imitation of Lat. *remis velisque*.

et alliez malades, et ainsi des aultres. Ilz prenoient le
gozal, et par les postes le faisoient de main en main
jusques sus les lieux porter dont ilz affectoient les
nouvelles. Le gozal, portant bandelette noire ou blanche,
scelon les occurrences et accidens, les houstoit de pensement à son retour, faisant en une heure plus de chemin
par l'air que n'avoient faict par terre trente postes en un
jour naturel[1]. Cela estoit rachapter et gaingner temps.
Et croyez, comme chose vraysemblable, que par les
colombiers de leurs cassines[2] on trouvoit sus œufz ou
petitz, tous les moys et saisons de l'an, les pigeons à foizon. Ce que est facile en mesnagerie, moyennant le
salpetre en roche, et la sacre herbe vervaine[3].

Le gozal lasché, Pantagruel leugt les missives de son
pere Gargantua, desquelles la teneur ensuyt:

FILS TRESCHER,

L'affection que naturellement porte le pere à son filz
bien aymé est en mon endroict tant acreue, par l'esguard
et reverence des graces particulieres en toy par election
divine posées, que depuys ton partement me a, non une
foys, tollu tout aultre pensement, me delaissant on cueur
ceste unicque et soingneuse paour, que vostre embarquement ayt esté de quelque meshaing ou fascherie accompaigné, comme tu sçays que à la bonne et syncere amour
est craincte perpetuellement annexée.

Et, pour ce que, scelon le dict de Hesiode, d'une
chascune chose le commencement est la moytié du tout,
et scelon le proverbe commun, à l'enfourner on faict les
pains cornuz, j'ay, pour de telle anxieté vuider mon
entendement, expressement depesché Malicorne, à ce
que par luy je soys acertainé de ton portement sus les
premiers jours de ton voyage. Car, s'il est prospere et
tel que je le soubhayte, facile me sera preveoir, prognos-
ticquer et juger du reste.

J'ay recouvert quelques livres joyeulx, les quelz te

1 From sunrise to sunset.                    2 Country houses.
3 Used by the Romans at solemn festivals.

seront par le present porteur renduz. Tu les liras quand te vouldras refraischir de tes meilleures estudes. Ledict porteur te dira plus amplement toutes nouvelles de ceste Court.

La paix de l'Æternel soyt avecques toy. Salue Panurge, Frere Jan, Epistemon, Xenomanes, Gymnaste et aultres tes domesticques, mes bons amis.

De ta maison paternelle, ce treziéme de juin.

Ton pere et amy,

GARGANTUA.

## CHAPITRE IV

*Comment Pantagruel escript à son pere Gargantua,
et luy envoye plusieurs belles et rares choses*

APRES la lecture des letres susdictes, Pantagruel tint plusieurs propous avecques l'escuyer Malicorne, et feut avecques luy si long temps que Panurge, interrompant, luy dist: "Et quand boyrez vous? Quand boyrons nous? Quand boyra monsieur l'escuyer? N'est ce assez sermonné pour boyre? — C'est bien dict, respondit Pantagruel. Faictez dresser la collation en ceste prochaine hostellerie, en laquelle pend pour enseigne l'image d'uns satyre à cheval."

Cependent, pour la depesche de l'escuyer, il escrivit à Gargantua comme s'ensuyt:

PERE TRESDEBONNAIRE,

Comme, à tous accidens en ceste vie transitoire non doubtez ne soubsonnez, nos sens et facultez animales patissent pluz enormes et impotentes[1] perturbations, voyre jusques à en estre souvent l'ame desemparée du corps, quoy que telles subites nouvelles feussent à contentement et soubhayt, que si eussent au paravant esté propensez et preveuz, ainsi me a grandement esmeu et perturbé l'inopinée venue de vostre escuyer Malicorne.

---

1 Uncontrollable. Cf. Lat. *impotens*.

Car je n'esperoys aulcun veoir de vos domesticques ne de vous nouvelles ouyr avant la fin de cestuy nostre voyage. Et facilement acquiesçoys en la doulce recordation de vostre auguste majesté, escripte, voyre certes insculpée et engravée on posterieur ventricule de mon cerveau[1], souvent au vif me la representant en sa propre et naïfve figure.

Mais, puys que m'avez prevenu par le benefice de vos gratieuses letres, et, par la creance de vostre escuyer, mes espritz recree en nouvelles de vostre prosperité et santé, ensemble de toute vostre royale maison, force m'est ce que par le passé m'estoit voluntaire: premierement, louer le benoist Servateur, lequel par sa divine bonté vous conserve en ce long teneur de santé perfaicte; secondement, vous remercier sempiternellement de ceste fervente et inveterée affection que à moy portez, vostre treshumble filz et serviteur inutile.

Jadis un Romain, nommé Furnius, dist à Cæsar Auguste, recepvant à grace et pardon son pere, lequel avoit suyvy la faction de Antonius: "Au jourd'huy, me faisant ce bien, tu me as reduict en telle ignominie que force me sera, vivant, mourant, estre ingrat reputé par impotence de gratuité." Ainsi pourray je dire que l'exces de vostre paternelle affection me range en ceste angustie et necessité, qu'il me conviendra vivre et mourir ingrat, si non que de tel crime soys relevé par la sentence des stoïciens, lesquelz disoient troys parties estre en benefice: l'une du donnant, l'aultre du recepvant, la tierce du recompensant, et le recepvant tresbien recompenser le donnant quand il accepte voluntiers le bienfaict, et le retient en soubvenance perpetuelle; comme au rebours le recepvant estre le plus ingrat du monde, qui mespriseroit et oublieroit le benefice. Estant doncques opprimé d'obligations infinies, toutes procreées de vostre immense benignité, et impotent à la minime partie de recompense, je me saulveray pour le moins de calumnie, en ce que de mes espritz n'en sera à jamais la memoire abolie, et ma

[1] i.e. the memory.

langue ne cessera confesser et protester que vous rendre graces condignes est chose transcendente ma faculté et puissance.

Au reste, j'ay ceste confiance en la commiseration et ayde de nostre Seigneur, que de ceste nostre peregrination la fin correspondera au commencement, et sera le totaige en alaigresse et santé perfaict.

Je ne fauldray à reduire en commentaires et ephemerides tout le discours de nostre naviguaige, affin que à nostre retour vous en ayez lecture veridicque. J'ay icy trouvé un tarande de Scythie, animal estrange et merveilleux à cause des variations de couleur en sa peau et poil, scelon la distinction des choses prochaines. Vous le prendrez en gré. Il est autant maniable et facile à nourrir qu'un aigneau. Je vous envoie pareillement troys jeunes unicornes, plus domesticques et apprivoisées que ne seroient petitz chattons. J'ay conferé avecques l'escuyer, et dict la maniere de les traicter. Elles ne pasturent en terre, obstant leur longue corne on front. Force est que pasture elles prennent es arbres fruictiers, ou en rattelliers idoines, ou en main leur offrant herbes, gerbes, pommes, poyres, orge, touzelle[1], brief, toutes especes de fruictz et legumaiges. Je m'esbahis comment nos escripvains antiques les disent tant farouches, feroces et dangereuses, et oncques vives n'avoir esté veues. Si bon vous semble ferez espreuve du contraire, et trouverez qu'en elles consiste une mignotize la plus grande du monde, pourveu que malicieusement on ne les offense[2].

Pareillement vous envoye la vie et gestes d'Achilles en tapisserie bien belle et industrieuse, vous asceurant que les nouveaultez d'animaulx, de plantes, d'oyzeaulx, de pierreries, que trouver pourray, et recouvrer en toute nostre peregrination, toutes je vous porteray, aydant Dieu nostre Seigneur, lequel je prie en sa saincte grace vous conserver.

1 Wheat.
2 See above, p. 127, n. 1. The Sultan sent a giraffe as a present to Lorenzo de' Medici.

De Medamothi, ce quinziéme de juin.

Panurge, Frere Jan, Epistemon, Xenomanes, Gymnaste, Eusthenes, Rhizotome, Carpalim, aprés le devot baise-main, vous resaluent en usure centuple.

Vostre humble filz et serviteur,

PANTAGRUEL.

Pendent que Pantagruel escrivoit les letres susdictes, Malicorne feut de touts festoyé, salué, et accolé à double rebraz. Dieu sçayt comment tout alloit, et comment recommendations de toutes pars trotoient en place.

Pantagruel, avoir parachevé ses letres, bancqueta avecques l'escuyer, et luy donna une grosse chaine d'or poisante huyct cens escuz, en laquelle par les chainons septenaires estoient gros diamans, rubiz, esmeraul.des, turquoises, unions, alternativement enchassez. A un chascun de ses nauchiers feist donner cinq cens escuz au soleil. A Gargantua son pere envoya le tarande couvert d'une housse de satin broché d'or, avecques la tapisserie contenente la vie et gestes de Achilles, et les troys uni-cornes capparassonnées de drap d'or frizé.

Ainsi departirent de Medamothi Malicorne pour re-tourner vers Gargantua, Pantagruel pour continuer son naviguaige, lequel en haulte mer feist lire par Epistemon les livres apportez par l'escuyer; desquelz, pource qu'il les trouva joyeulx et plaisans, le transsumpt[1] voluntiers vous donneray, si devotement le requerez.

## CHAPITRE V

*Comment Pantagruel rencontra une nauf de voyagers retournans du pays Lanternois*

AU cinquieme jour, jà commençans tournoyer le pole peu à peu, nous esloignans de l'Æquinoctial, descou-vrismes une navire marchande faisant voile à horche[2] vers nous. La joye ne feut petite, tant de nous comme

1 The contents, properly an exact copy. It is the technical word for the exact copy of a Papal bull.  2 On the port side ; horche = Ital. *orza.*

des marchans: de nous, entendens nouvelles de la marine; de eulx, entendens nouvelles de terre-ferme.

Nous rallians avecques eulx, congneusmes qu'ilz estoient François Xantongeoys. Devisant et raisonnant ensemble, Pantagruel entendit qu'ilz venoient de Lanternoys, dont eut nouveau accroissement d'alaigresse; aussi eut toute l'assemblée mesmement, nous enquestans de l'estat du pays et meurs du peuple Lanternier, et ayans advertissement que, sus la fin de juillet[1] subsequent, estoit l'assignation du chapitre general des Lanternes, et que, si lors y arrivions, comme facile nous estoit, voyrions belle, honorable et joyeuse compaignie des Lanternes, et que l'on y faisoit grands apprestz, comme si l'on y deust profondement lanterner.

Nous feut aussi dict que, passans le grand royaulme de Gebarim[2], nous serions honorificquement repceuz et traictez par le roy Ohabé[3], dominateur d'icelle terre, lequel, et tous ses subjectz pareillement, parlent languaige françois tourangeau.

Ce pendent que entendions ces nouvelles, Panurge prend debat avecques un marchant de Taillebourg[4], nommé Dindenault. L'occasion du debat feut telle. Ce Dindenault, voyant Panurge sans braguette, avecques ses lunettes attachées au bonnet, dist de luy à ses compaignons: "Voyez là une belle medaille de coqu." Panurge, à cause de ses lunettes, oyoit des aureilles beaucoup plus clair que de coustume. Doncques, entendent ce propous, demanda au marchant: "Comment diable seroys je coqu, qui ne suys encores marié, comme tu es, scelon que juger je peuz à ta troigne mal gracieuse? — Ouy vrayement, respondit le marchant, je le suys, et ne

1 The sixth session of the Council of Trent was appointed to be held on the 29th of July 1546, but was prorogued to the 13th of January 1547. The council continued its sittings for eighteen years, till 1563.

2 Plur. of Gebar (Syrian for cock) = *Galli*, French.

3 Esmangart derives this from a Hebrew word (*Oheb*) which signifies "lover," and identifies King Ohabé with Henry II.

4 A small town in Saintonge on the Charente, about 6 miles N. of Saintes.—The celebrated story of "Panurge and the Sheep" is taken from Merlin Cocai, in the 11th book of his macaronic poem.

vouldrois ne l'estre pour toutes les lunettes d'Europe, non pour toutes les bezicles d'Afrique, car j'ay une des plus belles, plus advenentes, plus honestes, plus prudes femmes en mariage, qui soit en tout le pays de Xantonge. Qu'en as tu à faire? De quoy te meslez tu? Qui es tu? Dont es tu? O lunettier de l'Antichrist, responds si tu es de Dieu.

— Je te demande, dist Panurge, si, par consentement et convenence de tous les elemens, j'avoys enlevé ta tant belle, tant advenente, tant honeste, tant preude femme, que feroys-tu? Le laisseroys tu là sempiternellement, ou bien le tireroys tu à belles dens? Responds, ô belinier de Mahumet[1], puys que tu es de tous les diables.

— Je te donneroys, respondit le marchant, un coup d'espee sus ceste aureille lunetiere, et te tueroys comme un belier." Ce disant desguainnoit son espée; mais elle tenoit au fourreau, comme vous sçavez que sus mer tous harnoys facilement chargent rouille, à cause de l'humidité excessive et nitreuse.

Panurge recourt vers Pantagruel à secours. Frere Jan mist la main à son bragmard fraischement esmoulu, et eust felonnement occis le marchant, ne feust que le patron de la nauf et aultres passagiers supplierent Pantagruel n'estre faict scandale en son vaisseau. Dont feut appoincté tout leur different, et toucherent les mains ensemble Panurge et le marchant, et beurent d'autant l'un à l'autre de hayt, en signe de perfaicte reconciliation.

## CHAPITRE VI

### *Comment, le debat appaisé, Panurge marchande avecques Dindenault un de ses moutons*

CE debat du tout appaisé, Panurge dist secretement à Epistemon et à Frere Jan: "Retirez vous icy un peu à l'escart, et joyeusement passez temps à ce que voirez. Il y aura bien beau jeu, si la chorde ne rompt."

Puis se adressa au marchant, et de rechef beut à luy

[1] With an allusion to Mahomet's ram, and in answer to *lunettier de l'Antichrist* in the paragraph above.

plein hanat de bon vin lanternoys. Le marchant le pleigea guaillard, en toute courtoisie et honesteté. Cela faict, Panurge devotement le prioyt luy vouloir de grace vendre un de ses moutons. Le marchant luy respondit : "Halas! halas! mon amy, nostre voisin, comment vous sçavez bien trupher[1] des paouvres gens! Vrayement, vous estez un gentil chalant! O le vaillant achapteur de moutons! Vraybis, vous portez le minoys non mie d'un achapteur de moutons, mais bien d'un couppeur de bourses. Deu Colas, faillon[2], qu'il feroit bon porter bourse pleine auprés de vous en la tripperie sus le degel[3]! Han! han! qui ne vous congnoistroyt, vous feriez bien des vostres. Mais voyez, hau! bonnes gens, comment il taille de l'historiographe!—Patience! dist Panurge. Mais à propous, de grace speciale, vendez moy un de vos moutons. Combien?—Comment, respondit le marchant, l'entendez-vous, nostre amy, mon voisin? Ce sont moutons à la grande laine[4]. Jason y print la toison d'or[5]. L'ordre de la maison de Bourguoigne en feut extraict. Moutons de Levant, moutons de haulte fustaye, moutons de haulte gresse[6].—Soit, dist Panurge; mais de grace vendez m'en un, et pour cause, bien et promptement vous payant en monnoye de ponant, de taillis[7], et de basse gresse. Combien?—Nostre voisin, mon amy, respondit le marchant, escoutez ça un peu de l'aultre aureille.

— PAN. A vostre commandement. — LE MARCH. Vous allez en Lanternoys? — PAN. Voire. — LE MARCH. Veoir le monde?—PAN. Voire.—LE MARCH. Joyeulsement?—PAN. Voire.—LE MARCH. Vous avez, ce croy je, nom Robin mouton. — PAN. Il vous plaist à dire. — LE MARCH. Sans vous fascher. — PAN. Je l'entends

1 To put tricks upon, Ital. *truffare*.

2 A Lorraine expression = In the name of St Nicholas, comrade.

3 At a tripe-house in a thaw, when tripe would be very cheap, and cut-purses would make a rare profit in the crowd of purchasers.

4 Old gold coins bearing the figure of Christ as the *Agnus Dei*, worth about 16 fr. They dated from the time of St Louis.

5 The Golden Fleece was instituted by Philip the Good, Duke of Burgundy in 1429, with the idea of the achievement of the Golden Fleece by Jason.　　6 Of high feed.　　7 Of low growth.

ainsi[1]. — LE MARCH. Vous estez, ce croy je, le joyeulx
du roy.— PAN. Voire.— LE MARCH. Fourchez là[2]. Ha!
ha! Vous allez veoir le monde, vous estez le joyeulx du
roy, vous avez nom Robin mouton; voyez ce mouton
là: il a nom Robin comme vous; Robin, Robin, Robin,
Bes, Bes, Bes, Bes. O la belle voix! — PAN. Bien belle
et harmonieuse! — LE MARCH. Voicy un pact, qui sera
entre vous et moy, nostre voisin et amy. Vous qui estez
Robin mouton, serez en cette couppe de balance; le mien
mouton Robin sera en l'aultre: je guaige un cent de
huytres de Busch[3] que en poix, en valleur, en estimation,
il vous emportera hault et court, en pareille forme que
serez quelque jour suspendu et pendu.

— Patience! dist Panurge. Mais vous feriez beaucoup
pour moy, et pour vostre posterité, si me le vouliez
vendre, ou quelque autre du bas cueur[4]. Je vous en prie,
syre monsieur.— Nostre amy, respondit le marchant, mon
voisin, de la toison de ces moutons seront faictz les fins
draps de Rouen; les louschetz des balles de Limestre[5],
au pris d'elle, ne sont que bourre. De la peau seront
faictz les beaulx marroquins, lesquelz on vendra pour
marroquins turquins, ou de Montelimart[6], ou de Hespaigne pour le pire. Des boyaulx on fera chordes de
violons et harpes, lesquels tant cherement on vendra
comme si feussent chordes de Munican[7] ou Aquileie.
Que pensez vous?

— S'il vous plaist, dist Panurge, m'en vendrez un; j'en
seray fort bien tenu au courrail de vostre huys[8]. Voyez
cy argent content. Combien?" Ce disoit monstrant son
esquarcelle pleine de nouveaulx henricus[9].

---

1 *Voire* (Verily) and *Je l'entends ainsi* are gibes at Calvin's Catechism.
2 Give me your hand, like *Touchez là*.
3 *La Teste de Busch* is a hamlet situated on the bay of Arcachon just
W. of Bordeaux, much renowned for its oysters then and now.
4 Morellet interprets this as giving the distinction between the seats for
the canons in a cathedral and the *bas chœur*.
5 Balls of Limester wool.
6 A small town in Dauphiné famous for its *nougat*.
7 Munich.                     8 Even to the knocker of your door.
9 Double *écus d'or* minted immediately after the accession of Henry II
(March 31, 1547); see Romier in *R.E.R.* x, 129.

## CHAPITRE VII

### *Continuation du marché entre Panurge et Dindenault*

MON amy, respondit le marchant, nostre voisin, ce n'est viande que pour roys et princes. La chair en est tant delicate, tant savoureuse et tant friande, que c'est basme. Je les ameine d'un pays on quel les pourceaulx, Dieu soit avecques nous, ne mangent que myrobalans. Les truyes en leur gesine, saulve l'honneur de toute la compaignie, ne sont nourriez que de fleurs d'orangiers. — Mais, dist Panurge, vendez m'en un, et je le vous payeray en roy, foy de pieton[1]. Combien? — Nostre amy, respondit le marchant, mon voisin, ce sont moutons extraictz de la propre race de celluy qui porta Phrixus et Helle par la mer dicte Hellesponte. — Cancre, dist Panurge, vous estez *clericus vel adiscens*[2]. — *Ita* sont choux, respondit le marchant; *vere*, ce sont pourreaux. Mais rr[3] rrr. rrrr. rrrrr. Ho Robin rr. rrrrrr! Vous n'entendez ce languaige?

"A propous: par tous les champs es quelz ilz passent, le bled y provient comme si Dieu y eust passé. Il n'y fault autre marne[4] ne fumier. Plus y a: de leur urine les quintessentiaux[5] tirent le meilleur salpetre du monde. De leurs crottes, mais qu'il ne vous desplaise, les medicins de nos pays guerissent soixante et dixhuict especes de maladie, la moindre des quelles est le mal sainct Eutrope[6] de Xaintes, dont Dieu nous saulve et guard. Que pensez vous, nostre voisin, mon amy? Aussi me coustent ilz bon.

— Couste et vaille, respondit Panurge, seulement vendez m'en un, le payant bien. — Nostre amy, dist le marchant, mon voisin, considerez un peu les merveilles de nature

1 Faith of a pawn, a parody of *foi de chevalier*.
2 A priest or a novice.    3 The "dog's letter," to keep in the sheep.
4 Marl, a soil composed of a mixture of clay and chalk. *Marne* (= older form, *marle*) is derived from the pop. Lat. *margula* (class. *marga*). The Italian is *terra marna*.
5 Alchemists.                    6 Dropsy, see above, p. 40, n. 3.

consistans en ces animaulx que voyez, voire en un membre
que estimeriez inutile. Prenez moy ces cornes là, et les
concassez un peu avecques un pilon de fer, ou avecques
un landier[1], ce m'est tout un, puis les enterrez en veue
du soleil la part que vouldrez, et souvent les arrouzez.
En peu de moys vous en voyrez naistre les meilleurs
asperges du monde. Je n'en daignerois excepter ceulx
de Ravenne. Allez moy dire que les cornes de vous
aultres, messieurs les coquz, ayent vertus telle et pro-
priété tant mirificque. — Patience! respondit Panurge. —
Je ne sçay, dist le marchant, si vous estez clerc. J'ay
veu prou de clercs, je diz grands clercs, coquz. Ouy dea.
A propous, si vous estiez clerc, vous sçauriez que es
membres plus inferieurs de ces animaulx divins, ce sont
les piedz, y a un os, c'est le talon, l'astragale, si vous
voulez, duquel, non d'aultre animal du monde, fors de
l'asne indian et des dorcades de Libye, l'on jouoyt anti-
quement au royal jeu des tales, auquel l'empereur Octavian
Auguste un soir guaingna plus de 50,000 escuz[2]. Vous
aultres coquz n'avez guarde d'en guaingner aultant. —
Patience! respondit Panurge. Mais expedions. — Et
quand, dist le marchant, vous auray je, nostre amy, mon
voisin, dignement loué les membres internes, l'espaule,
les esclanges[3], les gigotz, le hault cousté, la poictrine, le
faye, la ratelle, les trippes, la guogue[4], la vessye, dont on
joue à la balle, les coustelettes, dont on faict en Pygmion
les beaulx petitz arcs pour tirer des noyaulx de cerises
contre les grues.

— Basta! dist le patron de la nauf au marchant, c'est
trop icy barguigné. Vends luy si tu veulx; si tu ne veulx,
ne l'amuse plus. — Je le veulx, respondit le marchant, pour
l'amour de vous. Mais il en payera trois livres tournois
de la piece en choisissant. — C'est beaucoup, dist Panurge.
En nos pays j'en auroys bien cinq, voire six, pour telle
somme de deniers. Advisez que ne soit trop. Vous n'estez
le premier de ma congnoissance qui, trop toust voulent

1 An andiron.                    2 Suet. II, 71.
3 Haunches.                      4 Paunch.

riche devenir et parvenir, est à l'envers tombé en paou-
vreté, voire quelque foys s'est rompu le coul. — Tes fortes
fiebvres quartaines, dist le marchant, lourdault sot que tu
es! Par le digne veu de Charrous[1], le moindre de ces
moutons vault quatre foys plus que le meilleur de ceulx
que jadis les Coraxiens en Tuditanie, contrée d'Hespaigne, vendoient un talent d'or la piece[2]. Et que pense
tu, ô sot à la grande paye, que valoit un talent d'or? —
Benoist Monsieur, dist Panurge, vous eschauffez en vostre
harnois, à ce que je voy et congnois. Bien tenez, voyez
là vostre argent."

Panurge, ayant payé le marchant, choisit de tout le
trouppeau un beau et grand mouton, et le emportoit
cryant et bellant, oyans tous les aultres et ensemblement
bellans, et reguardans quelle part on menoit leur compaignon.

Cependant le marchant disoit à ses moutonniers: "O
qu'il a bien sceu choisir, le challant! Il se y entend, le
paillard! Vrayement, le bon vrayement, je le reservoys
pour le seigneur de Cancale[3], comme bien congnoissant
son naturel. Car de sa nature il est tout joyeulx et
esbaudy, quant il tient une espaule de mouton en main,
bien seante et advenente, comme une raquette gauschiere[4],
et avecques un couteau bien tranchant Dieu sçait comment il s'en escrime."

## CHAPITRE VIII

### Comment Panurge feist en mer noyer le marchant et les moutons

SOUBDAIN, je ne sçay comment, le cas feut subit, je ne
eu loisir le consyderer, Panurge, sans aultre chose dire,
jette en pleine mer son mouton criant et bellant. Tous

1 Charroux, a little town in *haut Poitou*, with a celebrated monastery.
2 Strabo III, 144. Coraxi was in Colchis, and Turretania = Andalusia.
3 A sea-port in the bay of Saint-Michel, 9 miles E. of Saint-Malo,
celebrated for oysters and good cheer.
4 A left-handed racket.

les aultres moutons, crians et bellans en pareille intona-
tion, commencerent soy jecter et saulter en mer apres à
la file[1]. La foulle estoit à qui premier y saulteroit aprés
leur compaignon. Possible n'estoit les en guarder, comme
vous sçavez estre du mouton le naturel tous jours suyvre
le premier, quelque part qu'il aille. Aussi le dict Aristoteles, *lib.* 9 *de Histo. Animal.*, estre le plus sot et inepte
animant du monde.

Le marchant, tout effrayé de ce que davant ses yeulx
perir voyoit et noyer ses moutons, s'efforçoit les empescher
et retenir de tout son povoir; mais c'estoit en vain. Tous
à la file saultoient dedans la mer, et perissoient. Finablement, il en print un grand et fort par la toison sus le
tillac de la nauf, cuydant ainsi le retenir, et saulver le
reste aussi consequemment. Le mouton feut si puissant
qu'il emporta en mer avecques soy le marchant, et feut
noyé, en pareille forme que les moutons de Polyphemus,
le borgne Cyclope, emporterent hors la caverne Ulixes et
ses compaignons. Autant en feirent les aultres bergiers
et moutonniers, les prenens uns par les cornes, aultres
par les jambes, aultres par la toison, lesquelz tous feurent
pareillement en mer portez et noyez miserablement.

Panurge, à cousté du fougon[2], tenent un aviron en
main, non pour ayder aux moutonniers, mais pour les
enguarder de grimper sus la nauf et evader le naufraige,
les preschoit eloquentement comme si feust un petit frere
Olivier Maillard[3], ou un second frere Jan Bourgeoys[4],
leurs remonstrant par lieux de rhetoricque les miseres de
ce monde, le bien et l'heur de l'autre vie, affermant plus
heureux estre les trespassez que les vivans en ceste vallée
de misere, et à un chascun d'eulx promettant eriger un
beau cenotaphe et sepulchre honoraire au plus hault du

1 In a string, Lat. *ex filo*.  2 The cook-room, Lat. *focus*.
3 A famous preacher in the reigns of Louis XI, Charles VIII, and
Louis XII. He died at Toulouse, June 13, 1502.
4 Another preacher of the same period. He died in 1494 and from
always wearing spectacles was known as the *cordelier aux lunettes*. See
*Pant.* III, 7.

mont Cenis, à son retour de Lanternoys; leurs optant ce neant moins, en cas que vivre encores entre les humains ne leurs faschast, et noyer ainsi ne leur vint à propous, bonne adventure, et rencontre de quelque baleine, laquelle au tiers jour subsequent les rendist sains et saulves en quelque pays de Satin[1], à l'exemple de Jonas.

La nauf vuidée du marchant et des moutons: " Reste il ici, dist Panurge, ulle ame moutonniere? Où sont ceulx de Thibault l'Aignelet[2] et ceulx de Regnauld Belin[3], qui dorment quand les aultres paissent? Je n'y sçay rien. C'est un tour de vieille guerre. Que t'en semble, frere Jan ? — Tout bien de vous, respondit frere Jan. Je n'ay rien trouvé maulvais sinon qu'il me semble que, ainsi comme jadis on souloyt en guerre, au jour de bataille ou assault, promettre aux soubdars double paye pour celluy jour, s'ilz guaingnoient la bataille, l'on avoit prou de quoy payer: s'ilz la perdoient, c'eust esté honte la demander, comme feirent les fuyars Gruyers aprés la bataille de Serizolles[4]: aussi qu'en fin vous doibviez le payement reserver, l'argent vous demourast en bourse. —Vertus Dieu, dist Panurge, j'ay eu du passetemps pour plus de cinquante mille francs. Retirons nous, le vent est propice. Frere Jan, escoutte icy. Jamais homme ne me feist plaisir sans recompense, ou recongnoissance pour le moins. Je ne suys point ingrat, et ne le feuz ne seray. Jamais homme ne me feist desplaisir sans repentence, ou en ce monde ou en l'autre. Je ne suys poinct fat jusques là.—Tu, dist frere Jan, te damne comme un vieil diable. Il est escript: *Mihi vindictam, et cætera.* Matiere de breviaire[5]."

1 i.e. in some unreal country, represented only on tapestry. The Land of Satin is described v, 30, 31.

2 The rascally shepherd in *Patelin.*

3 Apparently a reminiscence of the old refrain in *Garg.* I, 41, *Ho Regnault, reveille-toy.*

4 The Swiss mercenaries at Ceresole in Piedmont (April 11, 1544) ran away without striking a blow.

5 *Mihi vindictam* (Rom. xii, 19) occurs in the Breviary in the sixth Lesson in the service of the Octave of St Stephen.

## CHAPITRE XXV

*Comment aprés la tempeste Pantagruel descendit es*
*isles des Macræons*

SUS l'instant nous descendismez au port d'une isle laquelle on nommoit l'isle des Macræons. Les bonnes gens
du lieu nous repceurent honnorablement. Un vieil Macrobe[1], ainsi nommoient ilz leur maistre eschevin, vouloit
mener Pantagruel en la maison commune de la ville pour
soy refraischir à son aise et prandre sa refection. Mais
il ne voulut partir du mole que tous ses gens ne feussent
en terre. Aprés les avoir recongneuz, commenda chascun
estre mué[2] de vestemens, et toutes les munitions des
naufz estre en terre exposées, à ce que toutes les chormes
feissent chere lie. Ce que feut incontinent faict. Et Dieu
sçayt comment il y eut beu et guallé[3]. Tout le peuple
du lieu apportoit vivres en abondance. Les Pantagrue-
listes leurs en donnoient d'adventaige. Vray est que leurs
provisions estoient aulcunement endommagées par la
tempeste præcedente.

Le repas finy, Pantagruel pria un chascun soy mettre
en office et debvoir pour reparer le briz[4]. Ce que feirent,
et de bon hayt. La reparation leurs estoit facile, par ce
que tout le peuple de l'isle estoient charpentiers et tous
artizans telz que voyez en l'arsenac de Venise; et l'isle
grande seulement estoit habitée en troys portz et dix
parœces, le reste estoit boys de haulte fustaye, et desert,
comme si feust la forest de Ardeine[5].

A nostre instance, le vieil Macrobe monstra ce que
estoit spectacle et insigne en l'isle. Et par la forest
umbrageuse et deserte descouvrit plusieurs vieulx temples
ruinez, plusieurs obelisces, pyramides, monumens et
sepulchres antiques, avecques inscriptions et epitaphes

1 Macræons and Macrobins are Greek words meaning "long-livers."
2 Changed (Lat. *mutare*).        3 Regaled themselves.        4 Damage.
5 The Forest of Ardennes is some 70 or 80 miles N.W. of Metz, so that
possibly Rabelais paid a visit there; at all events he must have heard it
reputed as a desolate tract.

divers, les uns en lettres hieroglyphicques[1], les autres en
languaige ionicque, les aultres en langue arabicque, aga-
rene[2] sclavonicque et aultres. Des quelz Epistemon feist
extraict curieusement.

Ce pendent Panurge dist à frere Jan: " Icy est l'isle
des Macræons. Macræon en grec signifie vieillart, homme
qui a des ans beaucoup. — Que veulx tu, dist frere Jan,
que j'en face? Veulx tu que je m'en defface[3]? Je
n'estoys mie on pays lors que ainsi feut baptisée."

Le vieil Macrobe en languaige ionicque demandoit à
Pantagruel comment et par quelle industrie et labeur
estoit abourdé à leur port celle journée, en la quelle avoit
esté troublement de l'air et tempeste de mer tant horrificque. Pantagruel luy respondit que le hault Servateur
avoit eu esguard à la simplicité et syncere affection de
ses gens, les quelz ne voyageoient pour gain ne traficque
de marchandise. Une et seule cause les avoit en mer
mis, sçavoir est, studieux desir de veoir, apprendre, congnoistre, visiter l'oracle de Bacbuc, et avoir le mot de la
Bouteille, sus quelques difficultez proposées par quelqu'un
de la compaignie. Toutesfoys ce ne avoit esté sans
grande affliction et dangier evident de naufraige. Puys
luy demanda quelle cause luy sembloit estre de cestuy
espovantable fortunal, et si les mers adjacentes d'icelle
isle estoient ainsi ordinairement subjectes à tempeste,
comme en la mer Oceane sont les ratz de Sanmaieu,
Maumusson, et en la mer Mediterranée le gouffre de
Satalie, Montargentan, Plombin, Capo Melio en Laconie[4],
l'estroict de Gilbathar, le far de Messine, et aultres.

1 " Sacred sculptures. Thus were styled the letters of the ancient
Egyptian sages" (Rabelais, *Briefve déclaration*).

2 Probably = Moorish, and thus the same as *arabicque*.

3 Worry myself.

4 *Sammaieu* = St Matthieu (v, 18), a dangerous point on the Brittany
coast about 15 miles W. of Brest. *Maumusson*, between the islands of
Alvert and Oléron, in the lower Charente, at the outflow of the Gironde.
*Sataly* (*G.* 33), formerly Attalia, now Adalia, in Pamphylia on the coast of
Caramania, cf. Act. Apost. xiv, 25. *Montargentario*, a mountain and a
promontory just south of Porto di Telamone, in Tuscany, cf. Dante, *Purg.*
XIII, 152. *Piombino*, opposite Elba, south of the promontory north of which
is *Populonia*, Strabo V, 223. *Capo Melio* = Cape Malea at the south point
of Laconia.

## CHAPITRE XXVI

*Comment le bon Macrobe raconte à Pantagruel le manoir*
*et discession des Heroes*

ADONCQUES, respondit le bon Macrobe: "Amys pere-
grins, icy est une des isles Sporades, non de vos Sporades
qui sont en la mer Carpathie, mais des Sporades de
l'Ocean, jadis riche, frequente, opulente, marchande, popu-
leuse, et subjecte au dominateur de Bretaigne. Maintenant, par laps de temps et sus la declination du monde,
paouvre et deserte comme voyez.

"En ceste obscure forest, que voyez longue et ample
de plus de soixante et dix-huict mille parasanges[1], est
l'habitation des dæmons et heroes les quelz sont devenuz
vieulx; et croyons, plus ne luisant le comete præsentement, lequel nous appareut par trois entiers jours præcedens, que hier en soit mort quelqu'un, au trespas duquel
soyt excitée celle horrible tempeste que vous avez pati.
Car, eulx vivens, tout bien abonde en ce lieu et aultres
isles voisines, et en mer est bonache et serenité continuelle.
Au trespas d'un chascun d'iceulx, ordinairement oyons
nous par la forest grandes et pitoyables lamentations, et
voyons en terre pestes, vimeres et afflictions, en l'air
troublemens et tenebres, en mer tempeste et fortunal.

— Il y a, dist Pantagruel, de l'apparence en ce que
dictez. Car, comme la torche ou la chandelle tout le
temps qu'elle est vivente et ardente luist es assistans,
esclaire tout autour, delecte un chascun, et à chascun
expose son service et sa clarté, ne faict mal ne desplaisir
à personne, sus l'instant qu'elle est extaincte, par sa
fumée et evaporation elle infectionne l'air, elle nuit es
assistans et à un chascun desplaist. Ainsi est il de ces
ames nobles et insignes. Tout le temps qu'elles habitent
leurs corps, est leur demeure pacificque, utile, delectable,
honorable; sus l'heure de leur discession, communement

1 The Persian measure of distance = 30 Greek stades = 3½ miles.

adviennent par les isles et continens grans troublemens en l'air, tenebres, fouldres, gresles; en terre, concussions, tremblemens, estonnemens; en mer, fortunal et tempeste, avecques lamentations des peuples, mutations des religions, transpors des royaulmes, et eversions des republicques[1].

— Nous, dist Epistemon, en avons naguieres veu l'experience on deces du preux et docte chevalier Guillaume du Bellay[2], lequel vivant, France estoit en telle felicité que tout le monde avoit sus elle envie, tout le monde se y rallioit, tout le monde la redoubtoit. Soubdain aprés son trespas, elle a esté en mespris de tout le monde bien longuement.

— Ainsi, dist Pantagruel, mort Anchises à Drepani en Sicile, la tempeste donna terrible vexation à Æneas. C'est par adventure la cause pourquoy Herodes, le tyrant et cruel roy de Judee, soy voyant pres de mort horrible et espouvantable en nature, car il mourut d'une phthiriasis, mangé des verms et des poulx, comme paravant estoient mors L. Sylla, Pherecydes Syrien, præcepteur de Pythagoras, le poëte gregeoys Alcman, et aultres, et prevoyant que à sa mort les Juifz feroient feuz de joye, feist en son serrail de toutes les villes, bourguades et chasteaulx de Judee tous les nobles et magistratz convenir, soubs couleur et occasion fraudulente de leurs vouloir choses d'importance communicquer pour le regime et tuition de la province. Iceulx venuz et comparens en persones feist en l'hippodrome du serrail reserrer. Puys dist à sa sœur Salome, et à son mary Alexandre:

"Je suys asceuré que de ma mort les Juifz se esjouiront; mais si entendre voulez et executer ce que vous diray, mes exeques seront honorables, et y sera lamentation publicque. Sus l'instant que seray trespassé, faictes par les archiers de ma guarde, esquelz j'en ay expresse

---

1 The first part of the chapter is taken more or less literally from Plutarch, *defect. orac.* c. 18, 419 E, but through Eusebius.

2 See above, p. 88 and n. 2. Rabelais was in his service at Turin from the middle of 1540 to January 1543. He accompanied him on his return to France, was present at his death on January 9, and helped to embalm his body.

commission donné, tuer tous ces nobles et magistratz qui sont ceans reserrez. Ainsi faisans, toute Judee maulgré soy en dueil et lamentation sera, et semblera es estrangiers que ce soyt à cause de mon trespas, comme si quelque ame heroïque feust decedée."

" Autant en affectoit un desesperé tyrant quand il dist: 'Moy mourant, la terre soyt avecques le " feu meslée,"' c'est à dire: 'Perisse tout le monde.' Lequel mot Neron le truant[1] changea disant: 'Moy vivent,' comme atteste Suetone. Ceste detestable parole, de laquelle parlent Cicero, *Lib.* 3 *de Finibus*, et Seneque, *Lib.* 2 *de Clemence*, est par Dion Nicæus[2] et Suidas[3] attribuée à l'empereur Tibere."

## CHAPITRE XXVII

*Comment Pantagruel raisonne sus la discession des ames heroicques, et des prodiges horrificques qui præcederent le trespas du feu seigneur Langey*

JE ne vouldroys, dist Pantagruel continuant, n'avoir pati la tormente marine, laquelle tant nous a vexez et travaillez, pour non entendre ce que nous dict ce bon Macrobe. Encore suys je facilement induict à croyre ce qu'il nous a dict du comete veu en l'air par certains jours præcedens telle discession. Car aulcunes telles ames tant sont nobles, precieuses et heroicques, que de leur deslogement et trespas nous est certains jours davant donnée signification des cieulx. Et comme le prudent medicin, voyant par les signes prognosticz son malade entrer en decours de mort, par quelques jours davant advertist les femmes, enfans, parens et amis du deces imminent du mary, pere ou prochain, affin qu'en ce reste de temps qu'il a de vivre ilz l'admonestent donner ordre à sa maison, exhorter et benistre ses enfants, recommander la viduité de sa femme, declairer ce qu'il sçaura estre

---

1 Scoundrel.      2 Dion Cassius of Nicaea, *Hist. Rom.* LVIII, 23.
3 Suidas, *Tiberius.*

necessaire à l'entretenement des pupilles, et ne soyt de mort surprins sans tester et ordonner de son ame et de sa maison, semblablement les cieulx benevoles, comme joyeulx de la nouvelle reception de ces beates ames, avant leur deces semblent faire feuz de joye par telz cometes et apparitions meteores, les quelles voulent les cieulx estre aux humains pour prognostic certain et veridicque prediction que dedans peu de jours telles venerables ames laisseront leurs corps et la terre, ne plus ne moins que jadis en Athenes les juges areopagites, ballotans pour le jugement des criminelz prisonniers, usoient de certaines notes scelon la varieté des sentences, par Θ, signifians *Condemnation à mort*; par T, *Absolution*; par A, *Ampliation*[1], sçavoir est, quand le cas n'estoit encores liquidé; icelles publiquement exposées houstoient d'esmoy et pensement les parens, amis, et aultres curieulx d'entendre quelle seroit l'issue et jugement des malfaicteurs detenuz en prison.

Ainsi par telz cometes, comme par notes ætherees, disent les cieulx tacitement: "Homes mortelz, si de cestes heureuses ames voulez chose aulcune sçavoir, apprandre, entendre, congnoistre, preveoir, touchant le bien et utilité publicque ou privée, faictez diligence de vous representer à elles, et d'elles response avoir. Car la fin et catastrophe de la comœdie approche. Icelle passee, en vain vous les regretterez."

Font d'adventaige. C'est que, pour declairer la terre et gens terriens n'estre dignes de la presence, compaignie et fruition de telles insignes ames, l'estonnent et l'espouvantent par prodiges, portentes, monstres, et aultres precedens signes formez contre tout ordre de nature; ce que veismes plusieurs jours avant le departement de celle tant illustre, genereuse et heroique ame du docte et preux chevalier de Langey duquel vous avez parlé.

— Il m'en souvient, dist Epistemon, et encores me frissonne et tremble le cœur dedans sa capsule, quand je pense es prodiges tant divers et horrificques les quelz

1 Adjournement. Θ is for θάνατος, T for τελείωσις, A for ἄδηλον (probably).

veismes apertement cinq et six jours avant son depart.
De mode que les seigneurs de Assier[1], Chemant[2], Mailly
le borgne, Sainct-Ayl[3], Villeneuve la Guyart, maistre
Gabriel[4], medicin de Savillan, Rabelays, Cohuau, Massuau[5], Maiorici, Bullou, Cercu dict Bourguemaistre,
François Proust, Ferron, Charles Girard, Francois Bourré,
et tant d'aultres amis, domesticques et serviteurs du def-
funct, tous effrayez se reguardoient les uns les aultres en
silence sans mot dire de bouche, mais bien tous pensans
et prevoyans en leurs entendemens que de brief seroit
France privee d'un tant perfaict et necessaire chevallier
à sa gloire et protection, et que les cieulx le repetoient
comme à eulx deu par proprieté naturelle.

— Huppe de froc! dist frere Jan, je veulx devenir
clerc sus mes vieulx jours. J'ay assez belle entendouoire,
voire.

> Je vous demande en demandant,
> Comme le roy à son sergent
> Et la royne à son enfant,

ces heroes icy et semidieux des quelz avez parlé peuvent
ilz par mort finir? Par Nettre Dene[6], je pensoys en
pensaroys qu'ils feussent immortelz comme beaulx anges,
Dieu me le veueille pardonner; mais ce reverrendissime
Macrobe dict qu'ilz meurent finablement.

— Non tous, respondit Pantagruel. Les Stoïciens les
disoient tous estre mortelz, un excepté, qui seul est
immortel, impassible, invisible. Pindarus apertement dict
es deesses hamadryades plus de fil, c'est à dire plus de

1 François de Genouilhae, Seigneur d'Assier, killed at Ceresole in 1544.
His father, Jacques de G., called Galiot, was grand master of the artillery.
The church and château which he built at Assier (Lot) are still standing;
his tomb is in the church.

2 François Errault, Seigneur de Chemant, President of the Parliament
of Turin.

3 Estienne Lorens, Seigneur de Saint-Ayl (between Orleans and Meung).
After G. Du Bellay's death Rabelais passed some time at Saint-Ayl under
his protection.

4 Gabriel Taphenon, a Piedmontese, was Du Bellay's physician.

5 Claude Massuau, a native of Maine. He translated into French
Rabelais's Latin treatise on the *Stratagemata* of Du Bellay.

6 = Notre-Dame.

vie, n'estre fillé de la quenoille et fillasse des Destinées et Parces iniques que es arbres par elles conservées, ce sont chesnes, des quelz elles nasquirent, scelon l'opinion de Callimachus, et de Pausanias *in Phoci.*, es quelz consent Martianus Capella[1]. Quant aux semidieux, panes, satyres, sylvains, folletz, ægipanes, nymphes, heroes et dæmons, plusieurs ont par la somme totale resultante des aages divers supputez par Hesiode compté leurs vies estre de 9,720 ans, nombre composé de unité passante en quadrinité, et la quadrinité entiere quatre foys en soy doublée, puys le tout cinq foys multiplié par solides triangles. Voyez Plutarche on livre *De la Cessation des Oracles.*

— Cela, dist frere Jan, n'est poinct matiere de breviaire. Je n'en croy si non ce que vous plaira.

— Je croy, dist Pantagruel, que toutes ames intellectives[2] sont exemptes des cizeaulx de Atropos. Toutes sont immortelles, anges, dæmans et humaines. Je vous diray toutes foys une histoire bien estrange, mais escripte et asceuree par plusieurs doctes et sçavans historiographes à ce propous:

## CHAPITRE XXVIII

*Comment Pantagruel raconte une pitoyable histoire touchant le trespas des heroes*[3]

EPITHERSES, pere de Æmilian rheteur, naviguant de Grece en Italie dedans une nauf chargée de diverses marchandises et plusieurs voyagiers, sus le soir, cessant le vent auprés des isles Echinades, les quelles sont entre la Moree et Tunis, feut leur nauf portée pres de Paxes[4].

1 A Carthaginian rhetorician, who flourished *circ.* 425 A.D. His fantastic work on the seven liberal arts, a sort of encyclopaedia, had an enormous popularity in the Middle Ages. It was first printed at Vicenza in 1499.

2 Aristotle's ψυχὴ νοητική, the soul or vital principle of man as distinguished from those of beasts and plants.

3 The source of this story is Eusebius, *praep. evang.* V, 17, §§ 5–9, who also gives the application to Christ in § 13. He has taken this extract from Plutarch, *defect. orac.* c. 17, 419 B–E.

4 Paxo off Epirus, S.E. of Corfu.

Estant là abourdee, aulcuns des voyagiers dormans, aultres veiglans, aultres beuvans et souppans, feut de l'isle de Paxes ouie une voix de quelqu'un qui haultement appeloit *Thamoun*. Auquel cri tous feurent espovantez. Cestuy Thamous estoit leur pilot, natif de Ægypte, mais non congneu de nom, fors à quelques uns des voyagiers. Feut secondement ouie ceste voix, laquelle appeloit *Thamoun*[1] en cris horrificques. Personne ne respondent, mais tous restans en silence et trepidation, en tierce foys ceste voix feut ouie plus terrible que davant, dont advint que Thamous respondit:

"Je suys icy, que me demandes tu? que veulx tu que je face?"

Lors feut icelle voix plus haultement ouie, luy disant et commandant, quand il seroit en Palodes, publier et dire que Pan le grand Dieu estoit mort.

"Ceste parolle entendue, disoyt Epitherses tous les nauchiers et voyaigiers s'estre esbahiz et grandement effrayez. Et entre eulx deliberans quel seroit meilleur, ou taire ou publier ce que avoit esté commandé, dist Thamous son advis estre, advenent que lors ils eussent vent en pouppe, passer oultre sans mot dire; advenent qu'il feust calme en mer, signifier ce qu'il avoit ouy.

"Quand doncques feurent pres Palodes[2], advint qu'ilz ne eurent ne vent ne courant. Adoncques Thamous montant en prore, et en terre projectant sa veue, dist, ainsi que luy estoit commandé, que Pan le grand estoit mort. Il n'avoit encores achevé le dernier mot quand feurent entenduz grands souspirs, grandes lamentations et effroiz en terre, non d'une persone seule, mais de plusieurs ensemble.

"Ceste nouvelle, par ce que plusieurs avoient esté præsens, feut bien toust divulguée en Rome, et envoya Tibere Cæsar, lors empereur en Rome, querir cestuy Thamous, et, l'avoir entendu parler, adjousta foy à ses parolles. Et se guementant es gens doctes qui pour lois

---

1 The Egyptian name of Pan.
2 A haven just off Buthrotum in Epirus. Cf. Thuc. VI, 101.

estoient en sa court et en Rome en bon nombre, qui
estoit cestuy Pan, trouva par leur raport qu'il avoit esté
filz de Mercure et de Penelope. Ainsi au paravant
l'avoient escript Herodote et Cicero on tiers livre *De la
Nature des Dieux.*

" Toutesfoys je le interpreteroys de celluy grand Servateur des fideles, qui feut en Judee ignominieusement
occis par l'envie et iniquité des pontifes, docteurs, presb-
tres et moines de la loi mosaicque. Et ne me semble
l'interpretation abhorrente. Car à bon droict peult il estre
en languaige gregoys dict *Pan*, veu qu'il est le nostre
*Tout.* Tout ce que sommes, tout ce que vivons, tout ce
que avons, tout ce que esperons est luy, en luy, de luy,
par luy. C'est le bon Pan, le grand pasteur, qui, comme
atteste le bergier passionné Corydon, non seulement a en
amour et affection ses brebis, mais aussi ses bergiers, à
la mort duquel feurent plaincts, souspirs, effroys et lamentations en toute la machine de l'univers, cieulx, terre,
mer, enfers. A ceste miene interpretation compete le
temps. Car cestuy tresbon, tresgrand Pan, nostre unique
Servateur, mourut lez Hierusalem, regnant en Rome
Tibere Cæsar."

Pantagruel, ce propous finy, resta en silence et profonde
contemplation. Peu de temps aprés, nous veismes les
larmes decouller de ses yeulx grosses comme œufz de
austruche. Je me donne à Dieu si j'en mens d'un seul
mot.


## CHAPITRE XLVIII

### *Comment Pantagruel descendit en l'isle des Papimanes*

LAISSANS l'isle desolée des Papefigues, navigasmes par
un jour en serenité et tout plaisir, quand à nostre veue se
offrit la benoiste isle des Papimanes. Soubdain que nos
ancres feurent au port jectees, avant que eussions encoché
nos gumenes[1], vindrent vers nous en un esquif quatre

1 Made fast our cables.

personnes[1] diversement vestuz. L'un en moine enfrocqué, crotté, botté. L'aultre en faulconnier, avecques un leurre et guand de oizeau. L'aultre en solliciteur de procés, ayant un grand sac plein d'informations, citations, chiquaneries et adjournemens en main. L'aultre en vigneron d'Orleans, avecques belles guestres de toille, une panouere et une serpe à la ceincture. Incontinent qu'ilz feurent joinctz à nostre nauf, s'escrierent à haulte voix tous ensemble, demandans:

"Le avez vous veu, gens passagiers? l'avez vous veu? — Qui? demanda Pantagruel. — Celluy là, respondirent ilz. — Qui est il? demanda frere Jan. Par la mort beuf je l'assommeray de coups," pensant qu'ilz se guementassent[2] de quelque larron, meurtrier ou sacrilege. "Comment! dirent ilz, gens peregrins, ne congnoissez vous l'Unicque? — Seigneurs, dist Epistemon, nous ne entendons telz termes. Mais exposez nous, s'il vous plaist, de qui entendez, et nous vous en dirons la verité sans dissimulation. — C'est, dirent ilz, celluy qui est. L'avez vous jamais veu? — Celluy qui est, respondit Pantagruel, par nostre theologique doctrine, est Dieu, et en tel mot se declaira à Moses. Oncques certes ne le veismes, et n'est visible à œilz corporelz. — Nous ne parlons mie, dirent ilz, de celluy hault Dieu qui domine par les cieulx, nous parlons du Dieu en terre. L'avez vous oncques veu? — Ilz entendent, dist Carpalim, du pape, sus mon honneur. — Ouy, ouy, respondit Panurge, ouy dea, Messieurs, j'en ay veu troys, à la veue des quelz je n'ay gueres profité[3]. — Comment! dirent ilz; nos sacres *Decretales* chantent qu'il n'y en a jamais qu'un vivent. — J'entends, respondit Panurge, les uns successivement aprés les aultres. Aultrement n'en ay je veu qu'un à une foys. — O gens, dirent

<hr />

1 Representing the four orders of the Island: the priests, the nobles, the lawyers, and the peasants.

2 That they were enquiring after.

3 In his three visits to Rome Rabelais had seen two Popes, Clement VII and Paul III, but he had almost certainly left Rome before the Conclave which resulted in the election of Julius III on February 7, 1550.

ilz, troys et quatre foys heureux, vous soyez les bien et plus que tresbien venuz!"

Adoncques se agenouillerent davant nous, et nous vouloient baiser les pieds, ce que ne leurs volusmes permettre, leurs remontrans que au pape, si là de fortune en propre personne venoit, ilz ne sçauroient faire d'advantaige.

Pantagruel demandoit cependant à un mousse de leur esquif qui estoient ces personaiges. Il luy feist response que c'estoient les quatre Estatz de l'isle; adjousta d'adventaige que serions bien recuilliz et bien traictez, puys qu'avions veu le pape. Ce que il remonstra à Panurge, lequel luy dist secretement: "Je foys veu à Dieu, c'est cela; tout vient à poinct qui peult attendre. A la veue du pape jamais n'avions proficté; à ceste heure, de par tous les diables, nous profictera, comme je voy."

Allors descendimes en terre, et venoient au davant de nous comme en procession tout le peuple du pays, homes, femmes, petitz enfans. Nos quatre Estatz leurs dirent à haulte voix: "Ilz le ont veu! ilz le ont veu! ilz le ont veu!" A ceste proclamation tout le peuple se agenoilloit davant nous, levans les mains joinctes au ciel, et cryans: "O gens heureux! O bien heureux!" Et dura ce crys plus d'un quart d'heure.

Puys y accourut le maistre d'escholle avecques tous ses pedagogues, grimaulx et escholiers, et les fouettoit magistralement, comme on souloit fouetter les petitz enfans en nos pays quand on pendoit quelque malfaicteur, affin qu'il leurs en soubvint[1]. Pantagruel en feut fasché, et leurs dist: "Messieurs, si ne desistez fouetter ces enfans, je m'en retourne." Le peuple s'estonna entendent sa voix stentoree, et veiz un petit bossu à longs doigtz demandant au maistre d'eschole: "Vertus de Extravaguantes[2], ceulx qui voyent le pape deviennent ilz ainsi

---

1 A similar practice prevailed in England at the ceremony known as "beating the bounds." Cf. IV, 12.

2 *Extravagantes communes* was the title given to certain constitutions of the Popes Urban IV—Sixtus IV (†1483). They were collected in 1483.

grands comme cestuy cy qui nous menasse? O qu'il me
tarde merveilleusement que je ne le voy, affin de croistre
et grand comme luy devenir!"

Tant grandes feurent leurs exclamations que Homenaz
y accourut, ainsi appellent ilz leur evesque, sus une mule
desbridee, caparassonnee de verd, accompaigné de ses
appous[1], comme ilz disoient, de ses suppos[2] aussi, portans
croix, banieres, confalons, baldachins, torches, benoistiers.
Et nous vouloit pareillement les pieds baiser à toutes
forces, comme feist au pape Clement le bon Christian
Valfinier, disant qu'un de leurs hypophetes[3] degresseur
et glossateur de leurs sainctes *Decretales* avoit par escript
laissé que, ainsi comme le Messyas, tant et si long temps
des Juifz attendu, en fin leurs estoit advenu, aussi en
icelle isle quelque jour le pape viendroit. Attendens
cette heureuse journee, si là arrivoit personne qui l'eust
veu à Rome, ou aultre part, qu'ils eussent à bien le fes-
toyer, et reverentement traicter.

Toutesfoys nous en excusames honestement.


## CHAPITRE XLIX

*Comment Homenaz, evesque des Papimanes, nous
monstra les uranopetes[4] Decretales*

PUYS nous dist Homenaz: " Par nos sainctes *Decretales*
nous est enjoinct et commendé visiter premier les ecclises
que les cabaretz. Pourtant, ne declinans de ceste belle
institution, allons à l'ecclise; apres irons bancqueter. —
Home de bien, dist frere Jan, allez davant, nous vous
suivrons. Vous en avez parlé en bons termes et en bon

and added to the *Extravagantes* of John XXII (collected about 1340) and
appended to the Decretals.

  1 "*Appositi* sunt homines residentes in feudis ecclesiae" (Ducange).

  2 Subordinates.

  3 ὑποφῆται (*Il.* XVI, 235, Lat. *subvates*), opposed to προφῆται, are those
who speak of things past and not of things to come.

  4 Fallen from heaven.

christian. Ja long temps a que n'en avions veu. Je m'en trouve fort resjouy en mon esprit, et croy que je n'en repaistray que mieulx. C'est belle chose rencontrer gens de bien!"

Approchans de la porte du temple, apperceusmes un gros livre doré, tout couvert de fines et precieuses pierres, balais, esmerauldes, diamans et unions, plus ou autant pour le moins excellentes que celles que Octavian consacra à Juppiter Capitolin; et pendoit en l'air ataché à deux grosses chaisnes d'or au zoophore¹ du portal. Nous le reguardions en admiration; Pantagruel le manyoit et le tournoyt à plaisir, car il y povoit aizement toucher, et nous affermoit que au touchement d'icelles il sentoit un doulx prurit des ongles et desgourdissements de bras, ensemble temptation vehemente en son esprit de battre un sergent ou deux, pourveu qu'ilz n'eussent tonsure.

Adoncques nous dist Homenaz: "Jadis feut aux Juifz la loy par Moses baillee escripte des doigts propres de Dieu. En Delphes, davant la face du temple de Apollo, feut trouvee ceste sentence divinement escripte, ΓΝΩΘΙ ΣΕΑΤΤΟΝ; et par certain laps de temps apres feut veue ΕΙ, aussi divinement escripte et transmise des cieulx. Le simulachre de Cybele feut des cieulx en Phrygie transmis on champ nommé Pesinunt. Aussi feut en Tauris le simulachre de Diane, si croyez Euripides; l'oriflambe feut des Cieulx transmise aux nobles et treschristians roys de France pour combatre les infideles. Regnant Numa Pompilius, roy second des Romains, en Rome, feut du ciel veu descendre le tranchant bouclier² dict Ancile. En Acropolis de Athenes jadis tomba du ciel empiré la statue de Minerve. Icy semblablement voyez les sacres *Decretales* escriptes de la main d'un ange cherubin. Vous aultres gens transpontins ne le croirez pas. — Assez mal,

---

1 Frieze (lit. "bearing animals").

2 Perhaps Rabelais mistranslated ἐκτομὴν ἔχει γραμμῆς ἑλικοειδοῦς in Plut. *Numa*, c. 13, 69 A, concerning the *ancilia* (ἀγκύλια), taking it to mean a *cutting* edge, instead of a rim *cut out all round*, so as to be wavy.

respondit Panurge. — Et à nous icy miraculeusement du ciel des cieulx transmises, en façon pareille que par Homere, pere de toute philosophie, exceptez tous jours les dives *Decretales*, le fleuve du Nile est appelé Diipetes[1]. Et parce qu'avez vu le pape, evangeliste d'icelles et protecteur sempiternel, vous sera de par nous permis les veoir et baiser au dedans, si bon vous semble. Mais il vous conviendra par avant trois jours jeuner et regulierement confesser, curieusement espluchans et inventorizans vos pechez tant dru qu'en terre ne tombast une seule circonstance, comme divinement nous chantent les dives *Decretales* que voyez. A cela fault du temps.

— Home de bien, respondit Panurge, decrotoueres, voyre, diz je, *Decretales*, avons prou veu en papier, en parchemin lanterné[2], en velin, escriptes à la main et imprimees en moulle[3]. Ja n'est besoing que vous penez à cestes cy nous monstrer; nous contentons du bon vouloir, et vous remercions autant. — Vraybis, dist Homenaz, vous n'avez mie veu cestes cy angelicquement escriptes. Celles de vostre pays ne sont que transsumpts des nostres, comme trouvons inscript par un de nos antiques scholiastes decretalins. Au reste, vous pry, n'y espargner ma peine, seulement advisez si voulez confesser et jeuner les troy beaulx petitz jours de Dieu. — De confesser, respondit Panurge, tresbien nous consentons. Le jeune seulement ne nous vient à propous, car nous avons tant et trestant par la marine jeuné que les araignes ont faict leurs toilles sus nos dens. Voyez icy le bon frere Jan des Entommeures (à ce mot Homenaz courtoisement luy bailla la petite accollade), la mousse luy est creue on gouzier par faulte de remuer et exercer les badigouoinces et mandibules. — Il dict vray, respondit frere Jan. J'ay tant et trestant jeuné que j'en suys devenu tout bossu.

— Entrons, dist Homenaz, doncques en l'ecclise, et

---

1 Rivers in general have the title δυπετής in Homer as being nourished by the rain sent by Jupiter.
2 Transparent.
3 i.e. printed by means of letters that have been cast in a mould.

nous pardonnez si præsentement ne vous chantons la belle messe de Dieu. L'heure de my jour est passée, apres laquelle nous defendent nos sacres *Decretales* messe chanter, messe, diz je, haulte et legitime. Mais je vous en diray une basse et seiche. — J'en aymeroys mieulx, dist Panurge, une mouillée de quelque bon vin d'Anjou. Boutez doncq, boutez bas et roidde[1]. — Verd et bleu[2], dist frere Jan, il me desplait grandement qu'encores est mon estomach jeun, car, ayant tresbien desjeuné et repeu à usaige monachal, si d'adventure il nous chante le *Requiem,* je y eusse porté pain et vin par les traictz passez[3]. Patience! Sacquez, chocquez, boutez, mais troussez la court, de paour que ne se crotte, et pour aultre cause aussi, je vous en prye."

## CHAPITRE L

### *Comment par Homenaz nous feut montré l'archetype d'un pape*

LA messe parachevée, Homenaz tira d'un coffre prés le grand aultel un gros faratz[4] de clefz des quelles il ouvrit à trente et deux claveures et quatorze cathenatz une fenestre de fer bien barrée au dessus dudict autel, puys par grand mystere se couvrit d'un sac mouillé, et, tirant un rideau de satin cramoisy, nous monstra une imaige paincte assez mal, scelon mon advis, y toucha un baston longuet, et nous feist à tous baiser la touche. Puyz nous demanda : "Que vous semble de ceste imaige?

— C'est, respondit Pantagruel, la ressemblance d'un pape. Je le congnois à la thiare, à l'aumusse[5], au rochet,

---

1 An expression in tennis.      2 =Vertus Dieu.

3 Friar John substitutes *traicts passez* ( =draughts that are departed) for *trépassés.*      4 Bundle.

5 Almuce. A furred hood, something like a stole. See the fine picture, *St Maurice with a donor*, in the Glasgow gallery.

à la pantophle. — Vous dictez bien, dist Homenaz, c'est l'idee[1] de celluy Dieu de bien en terre, la venue duquel nous attendons devotement, et lequel esperons une foys veoir en ce pays. O l'heureuse et desirée et tant attendue journée! Et vous heureux et bien heureux, qui tant avez eu les astres favorables que avez vivement en face veu et realement celluy bon Dieu en terre, duquel voyant seulement le portraict, pleine remission guaingnons de tous nos pechez memorables, ensemble la tierce partie avecques dix-huict quarantaine des pechez oubliez. Aussi ne la voyons nous que aux grandes festes annueles."

Là disoit Pantagruel que c'estoit ouvraige tel que le faisoit Dædalus; encores qu'elle feust contrefaicte et mal traicte, y estoyt toutesfoys latente et occulte quelque divine energie en matiere de pardons. "Comme, dist frere Jan, à Seuillé les coquins[2] souppans un jour de bonne feste à l'hospital[3] et se vantans l'un avoir celluy jour guaingné six blancs, l'aultre deux soulz, l'autre sept carolus, un gros gueux se ventoit avoir guaingné troys bons testons. 'Aussi, luy respondirent ses compaignons, tu as une jambe de Dieu,' comme si quelque divinité feust absconse en une jambe toute sphacelée[4] et pourrye. — Quand, dist Pantagruel, telz contes vous nous ferez, soyez records d'apporter un bassin, peu s'en fault que ne rende ma guorge. User ainsi du sacre nom de Dieu en choses tant hordes et abhominables! Fy! j'en diz fy! Si dedans vostre moynerie est tel abus de parolles en usaige, laissez le là; ne le transportez hors les cloistres. — Ainsi, respondit Epistemon, disent les medicins estre en quelques maladies certaine participation de divinité. Pareillement Neron louoit les champeignons, et en proverbe grec les appelloit *Viande des Dieux*, pource que en iceulx il avoit empoisonné son prædecesseur Claudius, empereur romain.

  — Il me semble, dist Panurge, que ce portraict fault[5]

1 The Platonic Idea is here meant.           2 Beggars.
3 Near Chinon.                               4 Ulcerated.
5 Is faulty.

en nos derniers papes[1], car je les ay veu non aumusse, ains armet en teste porter, thymbré d'une thiare persicque, et, tout l'empire christian estant en paix et silence, eulx seulz guerre faire felonne et trescruelle.

— C'estoit, dist Homenaz, doncques contre les rebelles, hæreticques, protestans desesperez, non obeïssans à la saincteté de ce bon Dieu en terre? Cela luy est non seulement permis et licite, mais commendé par les sacres *Decretales,* et doibt à feu incontinent, empereurs, roys, ducz, princes, republicques, et à sang mettre qu'ilz transgresseront un iota de ses mandemens, les spolier de leurs biens, les deposseder de leurs royaulmes, les proscrire, les anathematizer, et non seulement leurs corps, et de leurs enfans et parens aultres occire, mais aussi leurs ames damner au parfond de la plus ardente chauldiere qui soit en enfer.

— Icy, dist Panurge, par tous les diables, ne sont-ils hæreticques comme feut Raminagrobis, et comme ilz sont parmy les Almaignes et Angleterre; vous estez christians triez sus le volet. — Ouy, vraybis, dist Homenaz, aussi serons nous tous saulvez. Allons prendre de l'eau beniste puys dipnerons."

## CHAPITRE LI

*Menuz devis, durant le dipner, à la louange des Decretales*

OR notez, beuveurs, que durant la messe seche de Homenaz, trois manilliers[2] de l'ecclise, chascun tenant un grand bassin en main, se pourmenoient par my le peuple, disans à haulte voix: "N'oubliez les gens heureux qui le ont veu en face." Sortans du temple, ilz apporterent à Homenaz leurs bassins tous pleins de monnoye papimanicque. Homenaz nous dist que c'estoit pour faire bonne chere, et que de ceste contribution et taillon[3], l'une

---

1 The reference is to Alexander VI (1492–1503) and Julius II (1503–1513) who were the most bellicose of the Popes.

2 = Maniglieri, marguilliers, matricularii (Ducange).         3 Tax.

partie seroit employée à bien boyre, l'aultre à bien manger,
suyvant une mirificque glosse cachée en un certain coing-
net de leurs sainctes *Decretales.*  Ce que feut faict, et en
beau cabaret assez retirant à¹ celluy de Guillot en Amiens².
Croyez que la repaisaille feut copieuse, et les beuvettes
numereuses.

En cestuy dipner je notay deux choses memorables,
l'une, que viande ne feut apportée, quelle que feust,
feussent chevreaulx, feussent chappons, feussent cochons,
des quelz y a foizon en Papimanie, feussent pigeons,
connilz, levraulx, cocqs de Inde, ou aultres, en laquelle
n'y eust abondance de farce magistrale³; l'aultre, que
tout le sert et dessert feut porté par les filles pucelles
mariables du lieu, belles, je vous affie, saffrettes⁴, blonde-
lettes, doulcettes et de bonne grace ; les quelles, vestues
de longues, blanches et deliées aubes⁵ à doubles ceinc-
tures, le chef ouvert, les cheveulx instrophiez de petites
bandelettes et rubans de saye violette, semez de roses,
œilletz, marjolaine, aneth⁶, aurande⁷ et aultres fleurs
odorantes, à chascune cadence nous invitoient à boire,
avecques doctes et mignonnes reverences, et estoient
voluntiers veues de toute l'assistence.  Frere Jan les
reguardoit de cousté, comme un chien qui emporte un
plumail.  Au dessert du premier metz feut par elles
melodieusement chanté un epode à la louange des sacro-
sainctes *Decretales.*

Sus l'apport du second service, Homenaz, tout joyeulx
et esbaudy⁸, adressa sa parolle à un des maistres som-
meliers, disans: "*Clerice*, esclaire icy⁹."  A ces motz une

  1 Like.
  2 Amiens was celebrated for its cook-shops (IV, 11), of which the most
renowned was the house *au Dauphin d'argent*, kept successively by
Guillaume Arthus, his wife, and his son Olivier (till 1572).  Its greatest
distinction was the entertainment of Francis I and his Queen and Court in
1517, June 17–23 (*R. E. R.* x, 75 ff.).  It is mentioned by Montaigne in
his *Voyages* (1581).
  3 Magistral stuffing, with an allusion to the *Four books of Sentences.*
  4 Taking.                    5 Albs.                    6 Dill.
  7 Orange.                    8 Heartened.
  9 The address of a *curé* to his *famulus* or attendant.  "A light"=a
drink, *lampée* being the word for a bumper.

des filles promptement luy præsenta un grand hanat plein
de vin extravaguant[1]. Il le tint en main, et, souspirant
profondement, dist à Pantagruel: "Mon seigneur, et vous
beaulx amis, je boy à vous tous de bien bon cœur. Vous
soyez les tresbien venuz." Beu qu'il eust et rendu le
hanat à la bachelette gentile, feist une lourde exclamation, disans:

"O dives *Decretales*[2], tant par vous est le vin bon bon
trouvé! — Ce n'est, dist Panurge, pas le pis du panier. —
Mieulx seroit, dist Pantagruel, si par elles le mauvais vin
devenoit bon. — O seraphicque *Sixiesme*[3], dist Homenaz
continuant, tant vous estez necessaire au saulvement des
paouvres humains! O cherubicques *Clementines*[4], comment en vous est proprement contenue et descripte le
perfaicte institution du vray christian! O extravaguantes
*Angelicques*, comment sans vous periroient les paouvres
ames, les quelles çà bas errent par les corps mortelz en
ceste vallée de misere! Helas! quand sera ce don de
grace particuliere faict es humains, qu'ilz desistent de
toutes aultres estudes et neguoces pour vous lire, vous
entendre, vous sçavoir, vous user, praticquer, incorporer,
sanguifier et incentricquer es profondes ventricules de
leurs cervaulx, es internes mouelles de leurs os, es perples
labyrintes de leurs arteres? O lors, et non plus tous, ne
aultrement, heureux le monde. O lors nullité de gresle,
gelée, frimatz, vimeres[5]! O lors abondance de tous biens
en terre! O lors paix obstinée, infringible en l'univers,
cessation de guerre, pilleries, anguaries[6], briguanderies,
assassinemens, exceptez contre les hereticques et rebelles

---

1 Exceedingly good, but it refers also to the *Extravagantes*.

2 The *Decretales* proper consisted of five books of Decretals of Gregory IX
added to the *Decretum* of Gratian. They were collected in 1230 by
St Raymond of Peñaforte, a Spanish Dominican, at the desire of Pope
Gregory IX.

3 The *Sextum* or *liber Sextus* contains five books of Decretals of
Gregory IX, Innocent III, and Boniface VIII, collected by Boniface and
promulgated in 1298.

4 The *Clementine* Constitutions consist of five books of ordinances of
Clement V, made with relation to the Council of Vienne and promulgated
in 1313 and 1317.     5 Storms.     6 Burdens.

mauldictz! O lors joyeuseté, alaigresse, liesse, soulas,
deduictz, plaisirs, delices en toute nature humaine! Mais
o grande doctrine, inestimable erudition, preceptions
deificques emmortaisées[1] par les divins chapitres de ces
eternes *Decretales*! O comment, lisant seulement un demy
canon, un petit paragraphe, un seul notable[2] de ces sacro-
sainctes *Decretales*, vous sentez en vos cœurs enflammée
la fournaise d'amour divin, de charité envers vostre
prochain, pourveu qu'il ne soit hereticque, contemnement
asceuré de toutes choses fortuites et terrestres, ecstatique
elevation de vos espritz, voire jusques au troizieme ciel,
contentement certain en toutes vos affections!"

## CHAPITRE LII

*Continuation des miracles advenuz par les Decretales*

JAN CHOUART, dist Ponocrates, à Monspellier avoit
achapté des moines de sainct Olary unes belles *Decre-*
*tales* escriptes en beau et grand parchemin de Lamballe[3],
pour en faire des velins pour batre l'or. Le malheur y
feut si estrange que oncques piece n'y feut frappée qui
vint à profict. Toutes feurent dilacerées et estrippées.
— Punition, dist Homenaz, et vangeance divine.

— Au Mans, dist Eudemon, François Cornu, apothe-
caire, avoit en cornetz emploicté unes *Extravaguantes*
frippees; je desadvoue le diable si tout ce qui dedans
feut empacqueté ne feut sus l'instant empoisonné, pourry
et guasté: encens, poyvre, gyrofle, cinnamome, saphran,
cire, espices, casse, reubarbe, tamarins, generalement tout,
drogues, gogues et senogues[4]. — Vengeance, dist Homenaz, et divine punition. Abuser en choses prophanes de
ces tant sacres escriptures!

---

1 Fixed (lit. morticed).                    2 Marked passage.
3 A place in Brittany celebrated for its parchment.
4 ἀγωγα and ξενάγωγα, purging medicines.

— A Paris, dist Carpalim, Groignet, cousturier, avoit emploicté unes vieilles *Clementines* en patrons et mesures. O cas estrange! Tous habillemenz taillez sus telz patrons et protraictz sus telles mesures feurent guastez et perduz: robbes, cappes, manteaulx, sayons, juppes, cazaquins, colletz[1], pourpoinctz, cottes, gonnelles, verdugualles[2]. Groignet, cuydant tailler une cappe, tailloit la forme d'une braguette; en lieu d'un sayon tailloit un chapeau à prunes succees[3]; sus la forme d'un cazaquin tailloit une aumusse; sus le patron d'un pourpoinct tailloit la guise d'une paele[4]. Ses varletz, l'avoir cousue, la deschiquetoient par le fond, et sembloit d'une paele à fricasser chastaignes. Pour un collet faisoit un brodequin; sus le patron d'une verdugualle tailloit une barbutte[5]; pensant faire un manteau faisoit un tabourin de Souisse. Tellement que le paouvre homme par justice feut condemné à payer les estoffes de tous ses challans, et de præsent en est au saphran[6]. — Punition, dist Homenaz, et vangeance divine.

— A Cahusac, dist Gymnaste, feut pour tirer à la butte partie faicte entre les seigneurs d'Estissac et vicomte de Lausun. Perotou avoit depecé unes demies *Decretales* du bon canonge[7] La Carte, et des feuilletz avoit taillé le blanc pour la butte. Je me donne, je me vends, je me donne à travers tous les diables si jamais harbalestier du pays, les quelz sont suppellatifz en toute Guyenne, tira traict dedans. Tous feurent coustiers[8]. Rien du blanc sacrosainct barbouillé ne feut despucellé, ne entommé[9]. Encores Sansornin l'aisné, qui guardoit les guaiges, nous juroit Figues dioures, son grand serment, qu'il avoit veu apertement, visiblement, manifestement, le pasadouz[10]

---

1 Waistcoats, ruffs.

2 Frocks, petticoats, fardingales.

3 Probably with many folds and creases like the *toque* of judges and advocates.

4 Cloak (*pallium*).　　　　　5 A Spanish hood for riding.

6 The houses of bankrupts were painted yellow.

7 Gascon for *chanoine*.　　　　　8 Wide of the mark.

9 Scratched.　　　　　10 Gascon word for an arrow.

de Carquelin droict entrant dedans la grolle[1] on mylieu
du blanc, sus le poinct de toucher et enfoncer, s'estre
escarté loing d'une toise coustier vers le fournil[2]. —
Miracle, s'écria Homenaz, miracle, miracle! *Clerice*,
esclaire icy. Je boy à tous. Vous me semblez vrays
christians."

A ces motz les filles commencerent ricasser entre elles.
Frere Jan hannissoit du bout du nez comme prest à
roussiner, ou baudouiner pour le moins, et monter dessus,
comme Herbault sus paouvres gens. "Me semble, dist
Pantagruel, que en telz blancs l'on eust contre le dangier
du traict plus sceurement esté que ne feut jadis Diogenes.
— Quoy? demanda Homenaz. Comment? Estoit il de-
cretaliste? — C'est, dist Epistemon, bien rentré de picques
noires. — Diogenes, respondit Pantagruel, un jour s'esbatre
voulent, visita les archiers qui tiroient à la butte. Entre
iceulx un estoit tant faultier, imperit et mal adroict que,
lors qu'il estoit en ranc de tirer, tout le peuple spectateur
s'escartoit de paour d'estre par luy feruz. Diogenes, l'avoir
un coup veu si perversement tirer que sa flesche tomba
plus d'un trabut[3] loing de la butte, au second coup le
peuple, loing d'un cousté et d'aultre s'escartant, accourut
et se tint en pieds jouxte le blanc, affermant cestuy lieu
estre le plus sceur, et que l'archier plus toust feriroit tout
aultre lieu que le blanc, le blanc seul estre en sceureté
du traict.

— Un paige, dist Gymnaste, du seigneur d'Estissac,
nommé Chamouillac, aperceut le charme. Par son advis
Perotou changea de blanc et y employa les papiers du
procés de Pouillac. Adoncques tirerent tresbien et les
uns et les aultres.

— A Landerousse, dist Rhizotome, es nopces de Jan
Delif, feut le festin nuptial notable et sumptueux, comme
lors estoit la coustume du pays. Aprés soupper feurent
jouees plusieurs farces, comedies, sornettes plaisantes,
feurent dansees plusieurs moresques aux sonnettes et

---

1 Bull's eye, properly a rook painted in the centre of the target.
2 Bakehouse.                                            3 Rod.

timbous, feurent introduictes diverses sortes de masques
et mommeries. Mes compaignons d'eschole et moy, pour
la feste honorer à nostre povoir, car au matin nous tous
avions eu de belles livrees blanc et violet, sus la fin feismes
un barboire[1] joyeulx avecques force coquilles de sainct
Michel et belles caquerolles de limassons. En faulte de
colocasie, bardane, personate[2], et de papier, des feuilletz
d'un vieil *Sixiesme*, qui là estoit abandonné, nous feismes
nos faulx visaiges, les descouppans un peu à l'endroict
des œilz, du nez et de la bouche. Cas merveilleux! Nos
petites caroles et pueriles esbatemens achevez, houstans
nos faulx visaiges, appareumes plus hideux et villains
que les diableteaux de la Passion de Doué, tant avions
les faces guastees aux lieux touchez par les ditz feuilletz.
L'un y avoit la picote, l'aultre le tac, l'aultre la verolle,
l'aultre la rougeolle, l'aultre gros froncles[3]. Somme, celluy
de nous tous estoit le moins blessé à qui les dens estoient
tombees. — Miracle, s'escria Homenaz, miracle!

— Il n'est, dist Rhizotome, encores temps de rire. Mes
deux sœurs, Catharine et Renee, avoient mis dedans ce
beau *Sixiesme*, comme en presses, car il estoit couvert de
grosses aisses[4] et ferré à glaz[5], leurs guimples, manchons
et collerettes savonnees de frays, bien blanches et empe-
sées. Par la vertus Dieu... — Attendez, dist Homenaz,
du quel Dieu entendez-vous? — Il n'en est qu'un, respondit Rhizotome. — Ouy bien, dist Homenaz, es cieulx; en
terre n'en avons nous un aultre? — Arry avant[6]! dist
Rhizotome, je n'y pensois, par mon ame, plus. Par la
vertus doncques du Dieu papeterre, leurs guimples, collerettes, baverettes, couvrechefz et tout aultre linge y
devint plus noir qu'un sac de charbonnier. — Miracle!
s'escria Homenaz. *Clerice*, esclaire icy, et note ces belles
histoires.

---

1 A masquerade of players wearing false beards.
2 Colocasia (a kind of Egyptian bean), burdocks, viper's bugloss (with
large leaves used for making *personae* or masks).
3 Carbuncles.                           4 Boards.
5 Studded with nails.                   6 Marry come up.

— Comment, demanda frere Jan, dict on doncques :

> Depuys que decretz eurent ales[1],
> Et gensdarmes porterent males,
> Moines allerent à cheval,
> En ce monde abonda tout mal?

— Je vous entens, dist Homenaz.  Ce sont petitz quo-
libetz des hereticques nouveaulx.

## CHAPITRE LIV

### *Comment Homenaz donna à Pantagruel des poires*
### *de bon christian*

En fin de table Homenaz nous donna grand nombre
de grosses et belles poyres, disant: " Tenez, amis, poires
sont singulieres, les quelles ailleurs ne trouverez.  Non
toute terre porte tout: Indie seule porte le noir ebene,
en Sabee provient le bon encens, en l'isle de Lemnos la
terre sphragitide[2], en ceste isle seule naissent ces belles
poires.  Faictez en, si bon vous semble, pepinieres en vos
pays.

— Comment, demanda Pantagruel, les nommez vous?
Elles me semblent trés bonnes et de bonne eaue.  Si on
les cuisoit en casserons par quartiers avecques un peu de
vin et de sucre, je pense que seroit viande tressalubre,
tant es malades comme es sains. — Non aultrement, respondit Homenaz.  Nous sommes simples gens, puys
qu'il plaist à Dieu, et appelons les figues figues, les prunes
prunes et les poires poires.—Vrayement, dist Pantagruel,

---

1 i.e. became Decretales.  The first collection of Church laws, which was
recognized by public authority and was the foundation of Canon Law, was
the *Decretum Gratiani*, which contained the conclusions of the earlier
Church Councils, compiled by Gratianus of Bologna, a Benedictine monk.
It was confirmed by Eugenius III in 1152. The *Decretals* were added
later.  The lines are by Pierre Grosnet who died about 1540; they are
quoted by Desperiers, *nouv.* lxvii.

2 *Terra sigillata*, found in Lemnos, is red like vermilion and used in
medicine and painting.  When sold, it was marked with a seal, hence the
name ($\sigma\phi\rho\alpha\gamma\ell s$).  Plin. xxxv, 6, § 14.

quand je seray en mon mesnaige, ce sera, si Dieu plaist, bien toust, j'en affieray et hanteray en mon jardin de Touraine, sus la rive de Loyre, et seront dictes poires de Bon Christian[1], car oncques ne veiz christians meilleurs que sont ces bons Papimanes.

— Je trouveroys, dist frere Jan, aussi bon qu'il nous donnast deux ou troys chartees de ses filles. — Vraybis, respondit Homenaz, non ferons, car vous leurs feriez la follie aux guarsons. Halas, halas! que vous estes bon filz! Vouldriez vous bien damner vostre ame? Nos *Decretales* le defendent. Je vouldroys que vous les sceussiez bien. — Patience! dist frere Jan. Mais, *si tu non vis dare, præsta, quesumus*. C'est matiere de breviaire. Je n'en crains home portant barbe, feust il docteur de chrystallin, je diz decretalin, à triple bourlet."

Le dipner parachevé, nous prinsmes congié de Homenaz et de tout le bon populaire, humblement les remercyans, et pour retribution de tant de biens leurs promettans que, venuz à Rome, ferions avecques le Pere sainct tant qu'en diligence il les iroyt veoir en personne, puys retournasmes en nostre nauf.

Pantagruel, par liberalité et recongnoissance du sacré protraict papal, donna à Homenaz neuf pieces de drap d'or frizé sus frize[2], pour estre appousees au davant de la fenestre ferree, feist emplir le tronc de la reparation et fabricque tout de doubles escuz au sabot[3], et feist delivrer à chascune des filles, les quelles avoient servy à table durant le dipner, neuf cent quatorze salutz[4] d'or, pour les marier en temps oportun.

1 St François de Paule (III, 24) introduced Bon Chrétien pears from Italy into France, at the end of Louis XI's reign. They were first grown in the Park at Plessis-les-Tours.

2 Doubly embroidered.

3 Money of Rabelaisian coinage, parodying *escus au soleil*, with an allusion to the Pope's slipper.

4 Gold pieces stamped with the arms of England and France, the Virgin and the Angel behind the shields and upon a scroll the word AVE between their hands. The legend is *Henricus Dei gra Fracoru Agli Rex*. On the reverse was a flat cross between a lily and a leopard. They date from 1422.

# APPENDIX A

## THE TEXT-BOOKS OF THE OLD LEARNING

THE 14th chapter of *Gargantua* is interesting in giving some idea of the books of grammar and instruction that were then taught, especially to those who were destined for the ministry.

First we have the teaching of the alphabet forwards and backwards by Master Thubal Holofernes. It was known in French as *la carte* because it was written on a piece of cardboard.

> Cartam compraverat illi,
> Sive quadernellum supra quam disceret a, b.
> Merlin Cocai, *Baldus*, II, 23.

Next came the *Donatus* or the Latin grammar or accidence composed by the grammarian of that name, who had been tutor to St Jerome in the fourth century. *Aelius Donatus de octo partibus orationis* was, so far as our record goes, the first book printed at Subiaco by Sweynheim and Pannartz, but no copy of it is known.

Following closely on this was the *Autores octo morales*, which comprised the eight following works:

> Cato [Disticha de moribus],
> Facetus,
> Theodolus,
> De contemptu mundi,
> Floretus,
> Alanus in parabolis,
> Fabulae Aesopi,
> Thobias.

*Dionysius Cato* consists of four short books of hexameter couplets in good Latin, written by an unknown author of the 5th or 6th century. They are merely moral maxims of a trite nature, but they attained an extraordinary popularity during the Middle Ages, being fre-

quently quoted in the glosses to the Digest, Code &c.
and by writers of that and subsequent periods. They
find a place in Weber's *Corpus Poetarum Latinorum*.

*Liber faceti et morosi docens mores hominum in supple-
mentum illorum qui a Cathone erant omissi.* This professes
to be a supplement to Cato, but has no pretension to be on
the same level of Latinity. It consists of 238 rhyming
hexameters, of which the following is a specimen:

> Cum nihil utilius humane credo saluti
> Quam rerum novisse modos et moribus uti,
> Quod minus exequitur morosi dogma Catonis,
> Supplebo pro posse meo monitu rationis.
> Adsint ergo rudes sitientes pocula morum:
> Hinc fontem poterunt haurire leporis odorum.

In the margin also are printed maxims which Rabelais
may have had firmly fixed in his mind, seeing that they
recur in his book, e.g.

> Inritare canem noli dormire volentem (cf. III, 14),

and

> *Fortunam reverenter habe,* quamcumque repente
> Dives ab exili progrediere loco,

which is a couplet from Ausonius, *Ep.* VIII, 7, adopted
in *Garg.* 35 (fin.); again, *Non munus sed voluntas dantis
aspici debet* bears the same meaning as *Affectum dantis
pensat censura tonantis,* a gloss quoted in III, 42.

This book was known to Chaucer, see Tyrwhitt's
note to *Cant. Tales,* l. 3227. It was perhaps written
by Reiner, a German Benedictine (1155–1230). It was
printed at Daventer in 1492.

*Ecloga Theoduli sive dialogus pastorum, cum notabili
commento* was printed at Leipsic in 1489 and at Cologne
in 1492. It is an allegorical dialogue in 345 leonine
hexameters between Truth and Falsehood, judgement
being given by Wisdom (Fronesis).

> Focaudi Monieri in sequentem
> *Theodoli* eglogam argumentum.
> Judice sub fronesi certant alterna canentes:
>   Hos Pseustis versus, hos Alethia refert.
> Succumbens Pseustis pacem rogat, id quoque sancit,
>   Judex virgo favet, lis cadit, error abit.

The following is a specimen:

> Exulat ejectus de sede pia protoplastus [=Adam]
> Ac cinis in cinerem mature mutat honorem.

*De contemptu mundi et fuga saeculi*, perhaps by Bernard of Clairvaux, cf. *G.* 42 and IV, 7, is a treatise in rhyming leonine hexameters with pentameters interspersed. It begins thus:

> Quid valeat mundus: quid opes: quid gloria quidvis
> Dulcia: quid carius; haec bene charta docet.
> Ergo ades ut discas, namque haec sapientia summa est;
> Haec agit ad superos: haec bona vera parit.

In the margin may be found *Servire deo regnare est* and *Prudens tria tempora considerare debet, praesentem praeteritum et futurum*, which may have occurred to Rabelais in V, 1.

*Floretus* was much of the same kind, supposed to have been written by Bernard de Morlaix.

Alanus *in Parabolis* is *Alani de Insulis liber Parabolarum* (Daventer 1492, Cologne 1497). Alain de Lille was a monk of Cîteaux who wrote in the 12th century. He wrote also an *Anti-Claudianus* and *De planctu naturae* (Skeat's *Chaucer*, I, 516) printed in Migne's Patristic Series. Cf. Sandys, *Hist. Class. Schol.* I, 531.

The *Parabolae* were sententious verses in elegiacs; the following are interesting to us:

> Pondera portat equus, bos terram sulcat aratro;
> Vellera portat ovis, servat ovile canis.  (Cf. *G.* 30.)
>
> Tutior est locus in terra quam turribus altis:
> Qui jacet in terra non habet unde cadat[1].

In the margins may be found

> Amantium irae amoris *red*integratio est.  (Cf. III, 12 fin.)
> Quaeritur Aegisthus quare sit factus adulter &c.  (Cf. III, 31.)

and

> Incidit in Scyllam cupiens vitare Charybdim.  (IV, 20; V, 18.)

a line from the *Alexandreis* of Gaultier de l'Isle.

---

1 This is adapted in *Hudibras*, I, 3, 878, "He that is down can fall no lower."

*Aesopi Fabulae* is a collection of Aesop's fables in tolerable, though often incorrect, elegiacs, taken probably from the collection of the monk Maximus Planudes, mentioned in connexion with Aesop in IV, N.P. Bentley in his dissertation on the Fables of Aesop says : " that idiot of a Monk " got together a lot of stories which he made into his *Life of Aesop*, and turned the fables of Babrius into prose and probably invented the fiction of the ugliness of Aesop. In his *Life of Aesop* occurs the assertion that Aesop was a Phrygian (IV, N.P.) and the story of Aesop's Basket (IV, 65) is told, derived probably from Eustathius in *Odyss.* X, p. 785.

Of the Fables in the collection of Planudes mention is made in Rabelais of

> The Cock and the Pearl⎱ (*G.* 56).
> *De Gallo et Iaspide*   ⎰
> The Belly and the Members (III, 3; IV, 57).
> The Mountain in labour (III, 24).
> The two Wallets (III, 15). Babrius 66.
> The Astronomer in the Well (III, 25). Plat. *Theaet.* 174 A.
> The Carter and Hercules (IV, 21). Babrius 20.
> The Ape-mother and her young (IV, 32). Babrius 35 and 36.
> The Wood-cutter and Mercury (IV, N.P.). Erasmus, *Ad.* IV, 3. 57.
> The Ass and the Lap-dog (V, 7). Babrius 129.

In the margin of this is quoted from Horace, *A. P.* 385, *Tu nihil invita dices faciesve Minerva* (alluded to V, 26).

> The Charger and the Ass (V, 7). Babrius 160.
> The Watch-dog and the Wolf (V, 7). Babrius 100.

Referred to in All men are born with a sack round their neck and necessitous (V, 46).

The obscurity in which the subject of Aesop, his personality, and his fables, and the edition of them by Babrius was involved is to some extent indicated in an edition of them by Froben, the Basel printer (1523), in which they are entitled *Gabrii Fabulae*.

The last treatise is the *Liber Thobiae*, an account of Tobit and his son, paraphrased in Latin elegiac verse. It was written in the 12th century by Matthieu de Vendôme. One or two extracts are interesting to readers of Rabelais.

> *Ne reminiscaris* servi delicta, parentum
>     Sint peccata licet multa, remitte reis. (Cf. *P.* 1.)

> Pascit uterque viam verbis collega fidelis;
>     Ut custos satagit praevius ire canis.

> Quomodo canis antecedit in limite. (III, 35.)

and in the margin

> Sequitur patrem proles. (Cf. III, 41.)

The following lines may have suggested the mode of Gargantua's birth (*G.* 6).

> *Deo laus.*
> Felix conjugium dum se sacra verba maritant
>     Auriculae, verbum fit caro patre carens.
> Angelus obstetrix; pater (infans sermo) maritus;
>     Auris sponsa, parens, nata: creatur homo.
> Intus et exterius totus quia virgine totus,
>     Totus apud patrem: totus ubique Deus.

The *De Modis significandi* was a treatise on Latin grammar attributed to various authors, Thomas Aquinas, Albertus de Saxonia, Duns Scotus, Jean Gerson. An edition exists entitled *Jo. D. Scoti O.M. doctoris subtilis de Modis significandi, seu Grammatica speculativa* (Venice, 1499). It was probably composed by Michael Modista of Marbais (Sandys, I, 641).

The *Computus* or *Compotus* is the whole body of rules for finding the moveable feasts. (*Computus cum commento*, Claude Nourry, Lyons, 1504.)

Hugutio, *Liber derivationum* was copied by Reuchlin

in his *Breviloquus*. It was compiled in 1192 by Agno Ugutio of Pisa, bishop of Ferrara, from the Glossary of Papias. Cf. Ducange, *Prolegomena*. It was used by Dante (cf. Toynbee's *Notes on Dante*).

Eberardi *Graecismus* is a book in Latin hexameters on Latin accidence, prosody &c., so called because it includes a chapter of derivations from Greek. It was written about 1222 by Eberard of Bethune and was still used at Deventer in 1476. A new edition has been published recently by Dr J. Wrobel (Wratislaw, 1887).

*Doctrinale puerorum* in hexameters, partly leonine, by Alexander Gallus de Villa Dei (Villedieu in Normandy), a treatise similar to the above on Latin grammar, prosody &c. These two books were the standard books of instruction in Latin for over three centuries, supplanting Priscian and Donatus because they are written in verse and therefore could be better retained in the memory. A careful edition of this book, preceded by a review of the grammatical instruction of those times has been published by Dr Reichling (Berlin, 1893).

*Les Pars, The Parts of Speech*, probably an abridgement of Donatus. Cf. *Qui nescit partes in vanum tendit ad artes* (Sandys, I, 643).

The *Quid est* is a sort of catechism on the " Parts of Speech."

The *Supplementum* was a kind of compendious history: *Supplementum Chronicorum continens omnes fere historias...primum a venerando patre Jacobo Philippo Bergomate, Ord. Eremitarum professo, conscriptum....Cui insuper addita est nostrorum temporum brevis quaedam accessio eorum annorum historias...complectens quae ab anno 1500 ad annum 1535...gestae sunt* (Paris, S. de Colines, 1535). The author was Jacopo Filippo Foresti of Bergamo[1].

---

1 It is doubtful whether this is the *Supplementum* referred to by Rabelais (A. T.).

*Marmotret* (mentioned also in the list of books in the library of St Victor, *Pant.* 7) is the *Mamotrectus* or *Mammotrectus* (corrupted from *Mammothreptus*) of Giovanni Marchesini of Reggio, a Franciscan friar, who lived in the 15th century. His work, which includes an analysis of every chapter in the Bible with explanations of difficult words, was very popular. It was printed in 1470 by Peter Schoeffer at Maintz and by Helias Heliae of Laufen at Beromünster (now Münster in Ergau), the printing of both editions being finished on the same day, November 10. The latter is the first dated book printed in Switzerland. There is a Paris edition by Pierre Viart of 1521[1]. A letter is given in the *Epist. Obsc. Viror.* (I, 33) from Mammotrectus Buntermantellus to Ortuinus Gratius.

*De moribus in mensa servandis* is a book on table manners in Latin verse by Giovanni Sulpizio of Veroli in the Campagna (Sulpitius Verulanus), a grammarian who lived at the end of the 13th century and was an opponent of the *Doctrinale*[2]. Desperiers in his 65th novel calls it the *Quos decet*, because it begins with the lines:

> Quos decet in mensa mores servare docemus,
> Virtuti ut studens litterulisque simul.

There is a Paris edition of 1535 printed by Prigent Calvarin, and a Lyons one of 1542 printed by Estienne Dolet; to the former is prefixed *Regimen mensae honora-*

1 The Cambridge University Library has a fine copy of a beautiful edition printed at Venice in 1476 by Renner and Nicolaus (Proctor, 4168). It was bequeathed to the Library by Prof. Adams. (A. T.)

2 The *Stans puer ad mensam*, a translation of which by Lydgate was printed by Caxton—the only known copy is in the Cambridge University Library—and reprinted four times by Wynkyn de Worde, is sometimes attributed to Sulpitius Verulanus, but is evidently of much earlier date. It is written in hexameters, which teem with false quantities and contain a fair proportion of leonine verses. There are also various French poems on table manners, one of which, *Les contenances de la table*, was frequently printed in the early fifteenth century. It is given by Montaiglon in the *Recueil de Poésies françoises*, pp. 186 ff., and by Furnivall in *The Babees Book*, E. E. Text Soc. vol. XXXII, 1868 (A. T.).

*bile*, which is sometimes printed with the *Auctores octo* and which runs as follows:

Nemo cibum capiat donec benedictio fiat.
Privetur mensa qui spreverit haec documenta.

Dum manducatis

⎧ Vultus hilares habea—
⎪ Sal cultello capia—
⎪ Quid edendum sit ne peta—
⎪ Non depositum capia—
⎪ Rixas, murmur fugia—
⎪ Membra recta sedea—
⎨ Mappam mundam tenea—
⎪ Ne scalpatis cavea—
⎪ Nullis partem tribua—
⎪ Morsus non rejicia—
⎪ Modicum sed crebro biba—
⎩ Grates Christo refera—[1]

Seneca *de virtutibus cardinalibus* is a short moral treatise written by Martin Dumiensis († 583), Archbishop of Braga and Mondonedo in Spain, under the pseudonym of Seneca. It is printed at the end of the 3rd volume of the Teubner Seneca, pp. 468 ff. Cf. Sandys, I, 435.

Passavantus *cum commento*. Fra Jacopo Passavanti was the Prior of the Dominican convent of S. Maria Novella at Florence, under whose directions the decoration of the famous Spanish Chapel was carried out. He wrote in 1357 *Specchio della vera penitenza*, an excellent example of pure Tuscan. He is also credited with the authorship of a silly book with notes on the *De civitate Dei* of St Augustine, which is probably the work here referred to (Erasmus, *Adagia*, II, 5, 58). The *Specchio* was first printed at Florence in 1495. There are Lyons editions of 1519 and 1525.

*Dormi secure* or *Sermones dominicales et festivales* by Richard de Maidstone, a Carmelite († 1396). *Dormi*

---

1 The *incunabula* include three undated Deventer editions, one being of about 1490 and another of about 1499 (Campbell, nos. 1623–1625); one printed at Leipsic by Jacob Tanner in 1499 (Proctor, 3080); and two Paris editions (1) Félix Baligault, *c.* 1495–1500, (2) Alexandre Aliate, *c.* 1498–1499. Tanner also issued an edition in 1516 with a preface by Badius; there is a copy in the Camb. Univ. Library (A. T.).

*secure* (Lyons, 1495, 1523; Paris, 1520) "eo quod absque magno studio faciliter possint incorporari et populo praedicare." Cf. H. Estienne, *Apol. p. Herod.* c. 34.

Laurentius Valla in his *Liber Elegantiarum*, lib. ii. proem. (1450) writes thus: "Aut tres illi tamquam triumviri, de quorum principatu inter eruditos quaeritur, Donatus, Servius, Priscianus, quibus ego tantum tribuo, ut post eos quicumque aliquid de latinitate scripserunt balbutire videantur; quorum primus est Isidorus indoctorum arrogantissimus, qui cum nihil sciat omnia praecipit: post hunc Papias aliique indoctiores; Eberardus, Hugutio, Catholicon, Aimo, et caeteri indigni qui nominentur, magna mercede docentes nihil scire, aut stultiorem reddentes discipulum quam acceperunt."


# APPENDIX B

### RABELAIS'S SYSTEM OF EDUCATION

RABELAIS'S book throughout may be looked upon as written in the interests of civilization, education, and learning. The *Pantagruel,* one of his earliest attempts at authorship, is formed on the model of the giant stories then fashionable, but even in this he inserts a burlesque account of life at the University of Paris, and a system of education. The youthful Pantagruel has a programme set before him by his father which would daunt most modern youths. His father writes that he has already mastered the three " arts " of the *Quadrivium*; he now has to learn Astronomy. He has also to master the *texts* (not the glosses) of Civil Law, and to compare them with Philosophy. (This is insisted on throughout.)

Next he is to take up Natural Science. Pliny is evidently the text-book. A list of studies of zoology, botany and mineralogy is given, which corresponds with the subjects in Pliny's Natural History from the ninth book to the end (inclusive), omitting the earlier books, which treat of cosmogony, geography, anthropology &c.

Then Medicine is to be studied—the Greek, Latin and Arabic systems; the Arabic was then being displaced by the newly discovered Greek treatises of Hippocrates, Galen and others. These studies are to be accompanied by frequent dissections, which were then practised to some extent.

Lastly, as most important, the Old Testament in Hebrew and the New Testament in Greek are to be thoroughly studied. "Let me see thee an abyss of knowledge," writes Gargantua to his son. He himself had been similarly indoctrinated by his father Grandgousier, though to less purpose, because the times were less fitted for learning. The letter concludes with good advice and pious maxims.

The system of Ponocrates, the tutor, set forth in *G.* XXIII, 4 is in some respects a continuation of that in the *Pantagruel,* but differs from it in giving more instruction in physical training and drill. The items of the *Quadrivium* are repeated—Arithmetic, Geometry, Astronomy and Music—all taught with more careful direction ; in the last instruction is given on various instruments.

Gymnastics and riding succeed, with training in the use of various weapons ; also hunting, swimming, climbing, gymnastic exercises and contests. Practical botany is ordered, with reference to the Greek text-books, such as Theophrastus, Dioscorides, and Pliny.

Two meals are allowed in the day—Dinner and Supper —the first enough to stay the stomach, the Supper copious and ample. Reading of lessons from good writers at both meals is insisted on, and after supper recreation, with musical instruments, and cards or dice, or again conversation on learning and travels.

The face of the heavens is to be inspected at night and a recapitulation made of all the events of the day. Prayer and praise and thanksgiving to the Creator conclude the programme.

In wet weather exercise is to be taken indoors, sawing wood, trussing hay, threshing corn &c.

Painting and sculpture are to be studied, or the ancient games *tali*, dice &c. referring to passages on the subject by ancient authors (cf. III, 11).

The workshops of goldsmiths, lapidaries and the allied trades are to be visited; the casting of metals, minting of money, printing operations are to be studied.

Lectures, Public Acts and Declamations are to be attended; pleadings in the Law Courts and Sermons.

Fencing schools, the dispensaries of Druggists and Herbalists, with the native and exotic drugs are to be visited.

Tumblers, Quacksalvers, Mountebanks, with their tricks and pretentious rhetoric, are to be observed.

The food in wet weather is to be more desiccative and attenuating than when more outdoor exercise is indulged in.

Once a month excursions are to be taken in the neighbourhood, with merry-making in the meadows, and catching of birds or fish. Even then poems are to be recited from ancient and modern writers (Hesiod, Virgil, Poliziano) and epigrams to be turned from Latin into French roundelays and ballads.

Rabelais's books seem intended to teach by contrast: they point out first the existing vicious systems and then the advantage of the changes proposed. Though his books are formed at first on the model of the chivalric romances, he seems always to have kept in view the *Cyropaedeia* and *Symposium* of Xenophon (and Plato) which had been brought prominently into notice by scholars of those times, and the *Pantagruel* and *Gargantua* are developed on those lines and on recent experience and systems of education brought forward by scholars of the Renaissance. His scheme in the *Gargantua* (conforming probably to that of Vittorino da Feltre, the great Mantuan educationalist) is calculated to prepare the pupil for duties to the state in peace and war, for which hunting is especially fitted, according to Xenophon (*Cyr.* V, 11). But it is war in defence of one's country that Rabelais contemplates; an aggressive war he describes as robbery.

The Abbey of Thelema is intended for young men and women to associate together in the practice of the accomplishments and good qualities which they have acquired, and to live in the observance of kindly friendship and mutual consideration; and further, that they should form devoted attachments and unions of lords and ladies who should afterwards marry and live together on their estates and serve to educate the people in patriotism and mutual goodwill.

Alexander and Hercules (III, 1) are put forward as models in acquiring and governing provinces, but it is the colonizing, not the conquering, Alexander, who is to be imitated, and the Gallic, not the Greek, Hercules who is the exemplar, he who won over the peoples by his eloquence and justice, and taught them the arts and sciences, as is suggested by the fable of his learning astronomy from Atlas. (This is the meaning of his supporting the heavens.)

The voyage to Cathay may be looked upon as the Grand tour, to complete the education of the prince, before he marries and retires to administer his province or succeeds the king, his father.

Messer Gaster, following the lessons of the *Plutus* of Aristophanes, supplies the motive for raising and preserving the means of life, and inventing the arts for convenience and refinement. Even here the monks in their solitary indulgence intercept the good purposes of Gaster by restricting his productions to the first crude purposes of food, viz. the gratifying of the appetites.

In contrast with a scheme such as this, we find the Monasteries in which the monks and friars are herded together and live a dull, easy life of routine, with a pretence to sanctity which too readily degenerates into an unintelligent round of mumbled, meaningless prayers and responds.

The Universities again with their endless studies in School logic, which lead to no results, produce uncleanly, bloated, self-indulgent professors, who forget everything save their formal, barren disquisitions—and even those as they advance in years—and become useless to themselves and everyone else.

The Lawyers fed up on their bags of pleadings and on the glosses, utterly careless of the actual meaning of the laws, simply protract suits to infinity till the suitors having expended their livelihood on their lawsuits are glad to make peace on any terms.

The Preachers, instead of explaining the Gospel, are busied principally in asking for contributions to their convents and amusing their hearers with grotesque stories, derived from the *Gesta Romanorum* or old sermon books.

For EU product safety concerns, contact us at Calle de José Abascal, 56–1°,
28003 Madrid, Spain or eugpsr@cambridge.org.

www.ingramcontent.com/pod-product-compliance
Ingram Content Group UK Ltd.
Pitfield, Milton Keynes, MK11 3LW, UK
UKHW012328130625
459647UK00009B/131